Conserver cette couverture

8757

THÉATRE CHIMÉRIQUE

8Yf
850

IL A ÉTÉ TIRÉ

Quinze exemplaires sur papier de Hollande
Numérotés à la presse

JEAN RICHEPIN

THÉATRE CHIMÉRIQUE

VINGT-SEPT ACTES

DE

PANTOMIME, A-PROPOS, SOTIE, PROVERBE, PASTORALE,
COMÉDIE, INTERMÈDE, DIALOGUE, DRAME,
PARADE, BALLET, MIMODRAME, MORALITÉ, FÉERIE, MYSTÈRE, DON JUANERIE,
SAYNÈTE, FAUSTERIE,
SÉANCE ACADÉMIQUE, FARCE, CONFÉRENCE-MIME

En prose et en vers.

PARIS
BIBLIOTHÈQUE-CHARPENTIER
EUGÈNE FASQUELLE, ÉDITEUR
11, RUE DE GRENELLE, 11

1896

AU
RARE
ET
INIQUEMENT
INÉDIT
SOLILOQUISTE
ALFRED
POUTHIER
MON CHER AMI
CES SOLILOQUES QUE
MASQUE
LE LOUP DU
DIALOGUE
SONT
DÉDIÉS
J R

I

L'ARBRE DE NOËL

PANTOMIME SANS GESTES EN MANIÈRE DE PROLOGUE

L'ARBRE DE NOËL

PERSONNAGES

UN SAPIN.
UN POÈTE.

(Tous les préparatifs de la fête sont terminés. Il ne reste plus qu'à faire entrer les enfants, qui attendent fiévreusement dans la chambre voisine. Cinq minutes encore, avant que sonne l'heure promise ! Cependant, demeurés seuls, le poète et le sapin se contemplent, et voici qu'entre eux sont échangées à la muette les pensées suivantes, tandis qu'au dehors un orgue de Barbarie lointain nasille en sanglotant sa cantilène mélancolique.)

LE SAPIN

Ma foi, sans me montrer trop orgueilleux, il m'est permis, je crois, de proclamer que je suis un bel arbre de Noël !

LE POÈTE

Certes. Tu pyramides du parquet au plafond. Tes branches ploient de jouets, de bonbons, de cadeaux, et sont hérissées de cierges multicolores. Tu es splendide !

LE SAPIN

N'est-ce pas? J'ai l'air de porter des fruits en papillotes et des fleurs de lumière, moi, un simple sapin.

LE POÈTE

Tu en portes réellement, et tu n'es plus un simple sapin.

LE SAPIN

En effet, je suis l'arbre de Noël.

LE POÈTE

Et tu en es fier.

LE SAPIN

Dame ! Il y a de quoi. Songe donc à la superbe destinée qui m'attend, et combien est misérable, auprès d'elle, le sort de tous mes humbles frères restés obscurs dans les bois !

LE POÈTE

Le fait est que tu dois t'estimer d'une essence supérieure à la leur.

LE SAPIN

N'ai-je pas raison? Ne suis-je pas au-dessus d'eux, comme tu es toi-même au-dessus des autres hommes, toi qui portes aussi des fruits et des fleurs, toi qui t'épanouis ainsi que moi dans les clartés et dans la gloire?

LE POÈTE

Voilà qui n'est pas mal raisonné, vraiment, pour un arbre ; et ce n'est pas moi qui te donnerai un démenti.

LE SAPIN

A la bonne heure ! Mais, dis-moi, puisque nos existences sont si pareilles, peut-être sauras-tu me renseigner sur le cours de la mienne. Je n'en suis encore qu'au commencement, et je voudrais bien apprendre la suite.

LE POÈTE

A quoi bon ? Ne préfères-tu pas en avoir la surprise ?

LE SAPIN

Non, j'aimerais mieux connaître d'avance tout ce qui doit m'advenir, afin de m'y préparer et de n'en pas paraître plus étonné qu'il ne faut.

LE POÈTE

Soit, si tu y tiens. Sache donc que, d'abord, les enfants vont être introduits en ta présence et pousser devant toi des cris de joie et d'admiration.

LE SAPIN

Sincères, bien entendu.

LE POÈTE

Absolument sincères. Aussi sincères que les éloges dont on a salué mes débuts. Plus sincères même !

LE SAPIN

Sans aucune réserve ?

LE POÈTE

Oh ! si. Il y aura quelques réserves.

LE SAPIN

Lesquelles, donc?

LE POÈTE

Eh bien! Certains d'entre les enfants, qui ont déjà vu d'autres arbres de Noël, te compareront à ceux d'antan, et trouveront qu'ils étaient plus beaux.

LE SAPIN

C'est qu'ils n'auront pas de goût.

LE POÈTE

Je suis tout à fait de ton avis.

LE SAPIN

A-t-on vu, ces polissons!

LE POÈTE

Que veux-tu? C'est la critique. Il faut en passer par là. Les plus beaux arbres de Noël ne peuvent contenter tout le monde.

LE SAPIN

Mais, au moins, ces détracteurs seront en nombre infime, j'espère, et n'empêcheront pas les autres de me rendre un juste hommage?

LE POÈTE

Oh! sois tranquille! Eux-mêmes, malgré leurs airs dégoûtés, ils prendront part à tes jouets, à tes bonbons, à tes cadeaux, et ils ne seront pas les derniers à dépouiller l'arbre.

LE SAPIN

Comment ! On me dépouillera ?

LE POÈTE

Les arbres de Noël sont faits pour être dépouillés.

LE SAPIN

On me prendra ces belles choses dont je suis chargé, dont je suis fleuri ?

LE POÈTE

On te les prendra. On mettra tes cadeaux dans les poches. On s'amusera de tes jouets. On mangera tes bonbons.

LE SAPIN

Mais, est-ce qu'on t'inflige, à toi, un traitement pareil ?

LE POÈTE

Bien sûr. Les images que j'invente, on les vulgarise. Les histoires que je conte, on en pleure ou l'on en rit, et ainsi l'on s'en amuse. Le meilleur de mon cœur et de mon cerveau, que je mets dans mes œuvres, on en fait pâture.

LE SAPIN

Mais c'est affreux.

LE POÈTE

Que dis-tu là ? C'est exquis, au contraire. C'est notre grandeur et notre noblesse, d'être ainsi féconds en fleurs et en fruits pour les autres qui sont stériles. C'est à cause de cela, c'est parce qu'ils sont réjouis, distraits, élevés, parés, nourris, à nos dépens, c'est uniquement à cause de cela que nous avons le droit de nous dire au-dessus d'eux.

LE SAPIN

Tu as raison, mon frère.

LE POÈTE

Et notre joie n'est pas une joie d'orgueil, seulement ; elle est aussi, mon frère, une joie de charité.

LE SAPIN

Oui, oui, je comprends.

LE POÈTE

Tu verras ces enfants, tout à l'heure, de quelle extase luiront leurs yeux, de quelle fièvre trembleront leurs mains, de quelles délices déborderont leurs cœurs, quand ils arracheront de tes branches tous tes trésors.

LE SAPIN

Ah ! qu'ils viennent, qu'ils viennent vite, et qu'ils me pillent ! Comme je serai heureux de leur bonheur ! Tout, qu'ils prennent tout ! Et que n'ai-je à leur donner plus encore ! Je ne regretterai rien, je te le jure, ni ces jolies poupées souriantes, ni ces trompettes, ni ces mirlitons, ni ces boîtes de soldats, ni ces bergeries, ni ces dragées et ces chocolats, rien, rien de toutes ces belles et bonnes choses qui leur feront tant de plaisir. Qu'importe, pourvu qu'il me reste la gloire de mes petits cierges multicolores, par qui je ressemble à l'arbre même du monde, girandolé d'étoiles !

LE POÈTE

Hélas ! ils ne dureront pas seulement jusqu'à la fin de la fête, tes petits cierges en constellations.

LE SAPIN

Est-il possible ?

LE POÈTE

Vois comme ils brûlent vite. Avant une heure, ils seront tous éteints.

LE SAPIN

Et alors ?

LE POÈTE

Alors... Mais pourquoi cette curiosité ? Ne cherche pas à en savoir davantage ; cela t'attristerait.

LE SAPIN

Si, si, parle. Je veux tout savoir. Tu m'as dit notre grandeur, notre noblesse. La conscience que j'en ai me rend fort contre quoi que ce soit qui puisse m'arriver ensuite. Dis, mon frère, une fois les petits cierges éteints, une fois la fête finie, que m'adviendra-t-il ?

LE POÈTE

Ce qui advient au poète quand les cierges de son imagination sont éteints, eux aussi, quand elle est terminée, la fête qu'il donnait aux hommes.

LE SAPIN

Mais quoi, enfin, quoi ?

LE POÈTE

Demain, pauvre arbre de Noël, tu ne seras plus qu'une bourrée de branchage inutile ; dans quelques jours, un fagot de bois mort.

LE SAPIN

Et... et après ?

LE POÈTE

Après, mon frère ? Ah ! ne le devines-tu pas ? On te jettera au feu, et tu deviendras une pelletée de cendres et une écharpe de fumée.

LE SAPIN

Moi, moi ! Je deviendrai cela ! Moi, l'arbre de Noël ! Hélas ! hélas !...

LE POÈTE

Mais, quand même, tu l'auras été, l'arbre de Noël.

LE SAPIN

C'est vrai. Merci de cette pensée consolante, mon frère ! Et une autre chose encore me console : c'est de me dire que ces enfants, heureux par moi, garderont mon souvenir, et que leur reconnaissance...

LE POÈTE

Tu as voulu tout savoir, mon frère. Souffre donc que je t'instruise de tout. Ces enfants, heureux par toi, ne garderont pas ton souvenir, et te paieront de la plus noire ingratitude.

LE SAPIN

Oh! non, cela, je ne peux pas le croire.

LE POÈTE

C'est la triste vérité, cependant. Vienne l'an prochain, et ils ne penseront qu'au nouvel arbre de Noël. A moins que quelques-uns, pour dénigrer celui-ci, ne se rappellent...

LE SAPIN

Oui, je sais, les critiques... Horreur!

LE POÈTE

Tu le vois, mon frère, notre sort a ses splendeurs et ses ténèbres ; et peut-être, à présent que tu en connais les suprêmes amertumes, peut-être préférerais-tu la destinée de tes humbles frères restés obscurs dans les bois?

LE SAPIN

Écoute! Quel est ce bruit?

LE POÈTE

C'est l'heure qui a sonné, et c'est la bande des enfants qui accourt en battant des mains.

LE SAPIN

Tous mes cierges flambent-ils?

LE POÈTE

Oui.

LE SAPIN

Ai-je tous mes cadeaux à offrir?

LE POETE

Oui.

LE SAPIN

Ah! comme les enfants vont être heureux, et comme il est doux d'être l'arbre de Noël!

LE POÈTE

Oui.

II

LE BOUSIER

À-PROPOS POUR AMADOUER LA CRITIQUE

LE BOUSIER

PERSONNAGES

BONVOULOIR.
BOUSIER.
LA ROSE.
LE ROSSIGNOL.
PAYSANS ET PAYSANNES.
LE PRINTEMPS.
LE SOLEIL.

SCÈNE PREMIÈRE

BONVOULOIR

Je me régale à l'avance des belles choses que je vais voir et entendre.

BOUSIER

Est-ce que vous êtes payé pour ça ?

BONVOULOIR

Au contraire.

BOUSIER

Comment ! Au contraire ! Vous avez payé, alors ?

BONVOULOIR

Oui, j'ai payé, une bonne place en location.

BOUSIER

Cher ?

BONVOULOIR

Jamais trop cher, puisque le spectacle est, paraît-il, merveilleux.

BOUSIER

Paraît-il !... Et vous vous en rapportez à des on-dit ?

BONVOULOIR

Je m'en rapporte à la réputation des auteurs qui passent pour des gens de mérite.

BOUSIER

Ah ! laissez-moi rire !

BONVOULOIR

Pourquoi ?

BOUSIER

Vous êtes trop jobard.

BONVOULOIR

Quoi ! les auteurs ne sont pas des gens de mérite ?

BOUSIER

Mais non, grand serin !

BONVOULOIR

Cependant, il me semble que le Printemps et le Soleil ne sont pas les premiers venus.

BOUSIER

Le Printemps est un raté. Quant au Soleil, il n'a plus rien dans le ventre.

BONVOULOIR

Vous croyez ?

BOUSIER

Je vous le certifie.

BONVOULOIR

Cependant, j'ai déjà pris grand plaisir à telles de leurs œuvres...

BOUSIER

Ils font toujours la même chose.

BONVOULOIR

Enfin, je vais voir. Laissez-moi, je vous prie, écouter et regarder la pièce avec recueillement.

BOUSIER

Pas sans que je guide votre goût; car je suis ici pour cela.

BONVOULOIR

Soit, puisque vous y tenez; mais je m'en passerais fort bien.

BOUSIER

Et de quoi vivrais-je, alors ?

BONVOULOIR

C'est juste. Il faut que tout le monde vive.

SCÈNE II

Les Mêmes, LA ROSE

LA ROSE

Je suis la reine des Fleurs ; et depuis que le monde est monde, je charme les yeux des hommes par ma robe de pourpre et je réjouis leur cœur par mon haleine parfumée.

BONVOULOIR

Délicieuse rose, je t'aime.

BOUSIER

Vous aimez cette vieille roustissure ? Eh bien ! vous n'êtes pas difficile, par exemple ! Que diable lui trouvez-vous de si attrayant ?

BONVOULOIR

Mais justement ce dont elle se vante avec raison, sa couleur et son parfum.

BOUSIER

Sa couleur est fade et son parfum écœurant.

BONVOULOIR

Cependant, ainsi qu'elle le dit, depuis que le monde est monde...

BOUSIER

Précisément, c'est vieux et usé, toujours la même chose !

BONVOULOIR

Qu'importe, si c'est exquis!

BOUSIER

Mais ce ne l'est point. Ah! on voit bien que vous ne savez pas de quoi c'est fait, cette couleur et ce parfum.

BONVOULOIR

De quoi est-ce donc fait?

BOUSIER

De fumier, d'excréments. Tenez, fouillons au pied du rosier! Pouah! comme ça pue! Vous ne sentez pas?

BONVOULOIR

J'aime mieux sentir la rose elle-même.

BOUSIER

Et regardez un peu ces vers qui grouillent dans le terreau! Et notez aussi, au corselet de la fleur, ces traces gluantes qu'y a laissées la limace! Et sous cette feuille, remarquez cette araignée velue!

BONVOULOIR

J'aime mieux contempler la rose elle-même.

BOUSIER

Vous n'êtes guère épris de vérité.

BONVOULOIR

Mais cette rose est belle et elle fleure bon, je vous assure que cela aussi est vrai.

BOUSIER

Vous êtes un naïf.

SCÈNE III

Les Mêmes, LE ROSSIGNOL

LE ROSSIGNOL

Je chante les jours bénis et l'amour revenu. Les bois ont senti le souffle du printemps passer dans leur chevelure rajeunie. Ils tendent vers le soleil leurs bras gonflés de sève. Ils ont une âme, et cette âme s'exprime par ma voix.

BONVOULOIR

Je pleure d'attendrissement.

BOUSIER

Quoi ! A cause de ce ténor poussif ?

BONVOULOIR

C'est le rossignol que vous traitez de la sorte ?

BOUSIER

Certes.

BONVOULOIR

Il chante pourtant à ravir.

BOUSIER

Il chante faux. Il vient de donner un *si* bémol au lieu d'un *si* naturel.

BONVOULOIR

Je ne m'en suis pas aperçu.

BOUSIER

C'est que vous n'entendez rien à la musique.

BONVOULOIR

Pardonnez-moi.

BOUSIER

Si vous y entendiez quelque chose, vous auriez grincé des dents au passage de cet accord inharmonique.

BONVOULOIR

Quel accord ?

BOUSIER

Cet accord où la voix du chanteur était dans un ton et le sifflet de la locomotive dans un autre.

BONVOULOIR

Quelle locomotive ?

BOUSIER

Celle du train qui vient de passer là-bas, à l'horizon.

BONVOULOIR

Je n'ai pas pris garde à ce train.

BOUSIER

Moi, je prends garde à tout. Ce train est celui de sept heures trente-sept. Vous voyez que je suis précis, moi !

BONVOULOIR

Excusez-moi ; mais ce train n'empêche pas le rossignol...

BOUSIER

Le rossignol, d'après les manuels d'ornithologie, est un petit oiseau de plumage roussâtre, d'humeur farouche, qui souffre généralement de la goutte et meurt d'étisie ou d'indigestion.

BONVOULOIR

Je ne suis pas ornithologue.

BOUSIER

Moi, je suis tout.

SCÈNE IV

Les Mêmes, Paysans et Paysannes

BONVOULOIR

Ah ! voici là-bas des jeunes filles qui dansent et des jeunes gens qui entonnent en chœur une vieille ronde populaire. Comme c'est suave !

BOUSIER

Oui, de loin. Mais approchez un peu.

BONVOULOIR

Je ne veux pas approcher. La chose doit être vue et entendue à distance.

BOUSIER

Au moins, regardez dans ma lorgnette et écoutez dans mon téléphone. Là, maintenant, que voyez-vous et qu'entendez-vous ?

BONVOULOIR.

Je vois que les danseuses sont en guenilles et j'entends des paroles niaises, hélas !

BOUSIER

Non seulement elles sont en guenilles, les danseuses ; mais elles sont sales. Jupons crottés ! Mains crasseuses ! Et les voix qui chantent, quelles voix de rogomme, éraillées, gueulardes ! Sans compter qu'elles doivent puer la vinasse ! Et ce qu'il y a, dans ces bouches, de dents gâtées !

BONVOULOIR

Mais d'ici, sans votre lorgnette et votre téléphone, comme c'est exquis, ce spectacle et ce chœur !

BOUSIER

Mais la vérité, fichtre, la vérité, qu'en faites-vous, bougre de rêveur ?

BONVOULOIR

Eh ! monsieur, vous m'exaspérez à la fin, avec votre vérité. Laissez-moi donc jouir en paix de mon illusion.

BOUSIER

Ah ! vous l'avouez, vous l'avouez, que c'est une illusion.

BONVOULOIR

Oui, je l'avoue, si cela vous est agréable. Mais laissez-moi m'en régaler, je vous prie.

BOUSIER

Non, monsieur; mon devoir avant tout !

BONVOULOIR

Et quel est-il donc, votre devoir ?

BOUSIER

D'embêter les gens comme vous.

BONVOULOIR

Et vous payez pour ça, sans doute ?

BOUSIER

Pas du tout. On me paie.

BONVOULOIR

Eh bien ! vous ne volez pas votre argent ; car vous m'embêtez ferme. Et maintenant, bonsoir, foutez-moi la paix !

BOUSIER

Vous manquez de respect à la critique..

LE PRINTEMPS ET LE SOLEIL

J'te crois !

III

L'HONNÊTE GENDARME

SOTIE EN VERS

L'HONNÊTE GENDARME

PERSONNAGES

LA LOI.
LE GENDARME.
SA CONSCIENCE.
LE RÉCITANT.
LE MOUTON.
LE VEAU.
CHŒUR DANS LE CIEL.

SCÈNE PREMIÈRE

Dans le temple de la loi.

LA LOI

Gendarme, voici ton emploi :
Faire respecter moi, la Loi,
Et, quoi que ce soit qu'on riposte,
Arrêter et conduire au poste
Quiconque me violerait.

LE GENDARME

Subséquemment què j'y suis prêt.

LA LOI

Qu'est-ce, me violer ?

LE GENDARME

Hum ! qu'est-ce ?
Par exemple, étouffer la caisse,
Manger la grenouille d'autrui,
Lui ravir ça qu'il est à lui,
Autrèment dit, pour passer outre,
Sè comporter en vrai jean-foutre
Contre sa vie ou son argent.
Lè gendarme est intelligent.

LA LOI

Pas de pitié pour le coupable !

LE GENDARME

Lè gendarme en est incapable.

LA LOI

Nul passe-droit pour aucun d'eux !

LE GENDARME

Lè gendarme et ça, ça fait deux.

LA LOI

Si c'est un malin qui raisonne ?

LE GENDARME

Raisonne ou non, jè l'emprisonne.

LA LOI

Et si c'était un magistrat
Pris en faute, et qu'il te montrât
Sa toque marquée à mon chiffre ?

LE GENDARME

Jè l'emballerais comme un fifre,
Et, nonobstant contre ni pour,
Lè coffrerais comme un tambour.

LA LOI

Bon gendarme, la Loi t'estime.

LE GENDARME

Lè gendarme en est légitime
Et va, pour fairè son devoir,
Tàcher moyen, qu'on verra voir.

SCÈNE II

Sur la grand'route.

LE RÉCITANT

Le gendarme, dans la campagne,
Il n'a que la Loi pour compagne.
La solitude est son orgueil.
Lui seul, de tout il a la garde,
Et partout ensemble il regarde,
Comme Dieu lui-même... Ouvrons l'œil !

Le gendarme, en grande tenue,
Il éblouit la route nue;
Tricorne et poitrail galonnés;
L'azur fleurit sur ses culottes;
Et le double encensoir des bottes
Lui rend hommage... Ouvrons le nez!

Mais il a beau sonder la plaine;
Les vagabonds, les tire-laine,
L'aperçoivent de tout là-bas
A la splendeur qui le décore;
Certains, de plus loin même encore,
Sans le voir, éventent son pas.

Et le gendarme solitaire
Se demande par quel mystère
Il ne peut remplir son emploi.
C'est l'Angelus du soir qui sonne!
Et rien à l'horizon, personne
En train de violer la Loi!

SCÈNE III

Dans l'âme du gendarme.

LE GENDARME

Jè mè sens vènir unè larme,
Dè rentrer au casernèment
Sans avoir honoré mon arme

D'un seul pètit évènement.
Faut-il donc ainsi vainèment
Avoir aux champs sèmé l'alarme ?
Quoi ! Pas un povrè garnèment,
Pas un mutin faisant vacarme,
Avec qui jè puisse un moment
Goûter lè délectablè charme
D'agir procès-verbalèment
En parlant raidè comme un Carme !
O Loi, mère du règlèment,
J'ai donc mal tènu mon serment
Què tu reçus en m'estimant ?
Jè suis donc un mauvais gendarme ?

SA CONSCIENCE

Nonobstant et subséquemment.

SCÈNE IV

Au crépuscule.

LE MOUTON

Bê ! bê ! bê !

LE GENDARME

D'où vient cè ramage ?

LE MOUTON

D'un ètre à qui l'on fit dommage.

LE GENDARME
Bien. Et comment t'appelle-t-on ?

LE MOUTON dictant au gendarme qui écrit.
M, o, u, mou ; t, o, n, ton.

LE VEAU
Meuh ! Meuh !

LE GENDARME
Qui donc par là gazouille ?

LE VEAU
Un orphelin que l'on dépouille.

LE GENDARME
Parfait ! Procès-verbal nouveau !
Comment t'appelles-tu, toi ?

LE VEAU, d'une très grosse voix.
Veau !

LE GENDARME
Eh ! pas d'insulte, jè tè prie,
Au corps dè la gendarmèrie !

LE VEAU
Je vous insulte ?

LE GENDARME
Oui.

LE VEAU
Non.

LE GENDARME

Si.

LE VEAU

Non.

LE GENDARME

Pourquoi dis-tu : veau ?

LE VEAU

C'est mon nom.

LE GENDARME

J'accepte l'excuse publique.
D'ailleurs, j'entends, quand on s'explique.
Lè gendarme est intelligent,
Mais rèvènons au cas urgent.
Si j'ai compris votrè langage,
On vous a fait tort. Jè m'engage
A vous fairè donner raison.
Suivez-moi tous deux en prison.

LE MOUTON

Bè !

LE VEAU

Meuh !

LE GENDARME

Crr ! Jè crois qu'on soupire ?

LE MOUTON ET LE VEAU

On nous fît mal ; tu nous fais pire.

LE GENDARME

Puisqu'on a violé la Loi
Jè dois coffrer ; c'est mon emploi.

LE MOUTON

Bê ! bê ! bê ! La loi violée,
Le fut sur ma toison volée.

LE VEAU

Meuh! meuh ! Moi, ce fut sur mon cuir.

LE GENDARME

N'insistez pas dé vous enfuir
Par des astuces què jè flaire !
Vous êtes pris, l'affaire est claire.
Tout lè reste, il est d'allèmand
Pour m'engluer, subséquemment.

SA CONSCIENCE

Gendarme, gendarme, prends garde !
La dame blanche te regarde,
Et la dame blanche, c'est moi.

LE GENDARME

Nonobstant què jè sens d'émoi.

SA CONSCIENCE

Songe quelle source de larmes
Pour l'honneur du corps des gendarmes,
Si tu pinçais deux innocents !

LE MOUTON

Bê! bê !

LE VEAU

Meuh! meuh!

LE GENDARME

              A leurs accents
Jè vois què c'est moi qui sè trompe.
Suffit! Je m'ai trompé. Qu'on rompe!
Tout s'éclaire en interrogeant.
Lè gendarme est intelligent.
                            (Il s'éloigne.)

LE MOUTON, le poursuivant.

Bè! bè! bé! bè!

LE GENDARME

       Quelle pécore!

LE VEAU, lui barrant la route.

Meuh! meuh!

LE GENDARME

       Què voulez-vous encore?

LE MOUTON, devenant spectral.

Que tu le mènes en prison,
Celui qui vola ma toison.

LE VEAU, devenant fantômatique.

Et dans un cul de basse-fosse,
Celui qui de mon cuir se chausse.

LE GENDARME, terrifié.

Où donc est-il?

LE MOUTON ET LE VEAU, sarcastiques.

Pas loin d'ici.

LE VEAU

Dans tes bottes regardes-y !

LE MOUTON

De lui, ta tunique en est pleine.

LE GENDARME, affolé.

Comment ? Què dites-vous ?

LE MOUTON

Ma laine,
Ma laine de pauvre mouton,
On en a fait du molleton
Pour ta tunique et tes culottes.

LE VEAU

Ma peau, c'est le cuir de tes bottes.

LE MOUTON

Mon poil feutré, c'est ton chapeau.

LE VEAU

Et ton baudrier, c'est ma peau.

ENSEMBLE

Et nous crierons à perdre haleine :

LE VEAU

Rends-moi ma peau !

LE MOUTON

Rends-moi ma laine !

LE VEAU

Voleur !

LE MOUTON

Voleur !

ENSEMBLE

Voleur ! voleur !

LE GENDARME, fermant les yeux.

Mais c'est mon bien !

SA CONSCIENCE, les lui ouvrant

Non, c'est le leur.

SCÈNE V

Dans l'âme du gendarme.

LE GENDARME

O Loi, pardonne à ton gendarme
Qui te violait censément
Sans lè savoir, mais qui nè ment
Pour rien au monde à son serment.
Du moment qu'on sonne l'alarme
A mon pervers aveuglèment,
Jè mè soumets, et sans vacarme
Jè vais dans son casernèment

Lè ramèner, lè garnèment
Qui sè conduisait comme un carme
Envers toi, quoique en t'estimant.
O Loi, mère du règlèment,
J'aurai du moins goûté lè charme
D'agir procès-verbalèment.
Mais d'abord, et prèmièrement,
Rendons ces objets d'agrément,
Lè bien d'autrui, m'y conformant.
Jè versèrai plus d'unè larme,
Certe, à quitter mon fourniment.
Toutèfois, mè reste mon arme ;
Et c'est, d'après mon sentiment,
Assez pour faire un bon gendarme.

SA CONSCIENCE

Nonobstant et subséquemment.

SCÈNE VI

Apothéose.

LE RÉCITANT

Le gendarme, il ôte ses bottes,
Et sa tunique et ses culottes,
Même sa chemise, en songeant
Qu'il en doit couvrir l'indigent.
Aux mains il se met les menottes.
Puis, nu comme un petit Saint-Jean,

Dans l'air du soir il va nageant;
Et, son sabre pour tout insigne,
Son parfum pour feuille de vigne,
En prison, selon la consigne,
Il se conduit lui-même, digne.

CHŒUR DANS LE CIEL

Le gendarme est intelligent.

IV

FAIRE SANS DIRE

PROVERBE-PASTORALE

FAIRE SANS DIRE

PERSONNAGES

ROBIN, mouton.
ROBINOT, mouton.
ROBINE, brebis.
ROBINOTTE, brebis.
SIMPLE, bélier.

SCÈNE PREMIÈRE

ROBIN

Y a-t-il rien de plus doux au monde que de discuter finement, comme nous le faisons, sur l'essence de l'amour?

ROBINOT

L'essence, et même, ou plutôt, cher ami, la quintessence.

ROBIN

C'est bien ce que j'entends. Car l'essence est encore chose trop grossière.

ROBINOT

Tandis que la quintessence...

ROBIN

Et la quintessence nuancée...

ROBINOT

Très nuancée, cela va sans dire.

ROBIN

Si nuancée !

ROBINOT

Oh ! combien nuancée !

ROBIN

Qu'en pensez-vous, mesdames ?

ROBINE

Que vous êtes suaves, messieurs.

ROBINOTTE

Si suaves ! Oh ! combien suaves !

ROBIN

Et n'est-il pas vrai que vos âmes délicates s'alanguissent délicieusement aux légères caresses de ces discussions et y goûtent un charme infini ?

ROBINE

J'en conviens, un charme infini.

ROBINOTTE

Oui, d'un infini tout spécial.

ROBINOT

Et n'est-il pas vrai qu'il vous serait désormais impossible de concevoir l'amour autrement que sous cette forme subtile ?

ROBINE

Impossible, en effet.

ROBINOTTE

Inexprimablement impossible.

ROBIN

Mais peut-être vous reste-t-il au fond du cœur on ne sait quel désir ?

ROBINOT

Oui, une vague appétence que vous avez peine vous-mêmes à formuler !

ROBINE

Peut-être bien, vous avez raison.

ROBINOTTE

Une très vague appétence, sans doute, on voudrait le croire, mais que vague, que d'un vague !

ROBIN

Presque inconsciente, n'est-ce pas ?

ROBINOT

Quasi instinctive, j'imagine, comme qui dirait dans les limbes du réflexe.

ROBINE

C'est bien cela, il me semble.

ROBINOTTE

A peu près, m'est avis.

ROBINE

Mais je n'en suis pas sûre, sûre.

ROBINOTTE

Et moi donc ! J'ose, avec quelle crainte, y arrêter ma pensée flottante.

ROBIN

Moi de même, chères belles.

ROBINOT

Et moi plus tremblant encore.

ROBIN

Songez ! Si nous allions, là, au détour d'une nuance, nous heurter à quelque aveuglante lumière !

ROBINOT

Ce serait proprement affreux.

ROBINE

Taisez-vous ! Cette idée seule m'épouvante.

ROBINOTTE

J'en ai le frisson de la petite mort.

ROBIN

Mieux vaut ne pas approfondir ce je ne sais quoi de mystérieux...

ROBINOT

Qui vous trouble et nous trouble à ce point, rien que par appréhension.

ROBINE

Et pourtant ce trouble ne va pas sans un certain obscur délice.

ROBINOTTE

Et ce délice obscur ne va pas sans une certaine très exquise alliciance.

ROBIN

Je la ressens aussi, cette alliciance, et ne puis m'inscrire en faux là-contre.

ROBINOT

A qui le dites-vous, cher ami ?

ROBINE

Eh bien ! si, malgré nos peurs, nous tâchions de chercher à savoir...

ROBINOTTE

Oui, un peu, rien qu'un peu, oh ! si peu, combien peu !

ROBIN

Croyez-moi, cela serait imprudent.

ROBINOT

Plus qu'imprudent ; téméraire !

ROBINE

Et vous pensez que nous y pourrions compromettre notre si tendre et si furtif et si agréable état d'âme ?

ROBINOTTE

Notre état d'âme nuancé, tout spécial ?

ROBIN

N'en doutez pas, ô raffinées !

ROBINOT

Soyez-en convaincues, ô délicates !

ROBINE

Alors, reprenons plutôt nos subtiles discussions sur l'essence de l'amour.

ROBINOTTE

Sur la quintessence, m'amie, sur la quintessence, et en toute subtilité.

ROBIN

A demi-mot susurrant.

ROBINOT

En lisant entre les lignes.

ROBINE

Et avec de fuyantes parenthèses.

ROBINOTTE

Si fuyantes, et combien parenthèses !

ROBIN

Là est la douceur, l'unique douceur de vivre.

ROBINOT

Si vivre peut jamais être doux !

ROBINE

Il l'est, à vous écouter...

ROBINOTTE

A suivre les sinueux méandres de votre algèbre sentimentale.

ROBIN

Que vous êtes aimables !

ROBINOT

Et intelligentes !

ROBIN

Ou, plutôt, intellectuelles !

ROBINOT

Disons mieux : cérébrales !

ROBINE

Ah ! de grâce, trêve aux compliments ! Je me sens comme en pâmoison.

ROBINOTTE

Et moi prise d'un étrange en-aller.

ROBIN

C'est l'amour à sa plus fine nuance.

ROBINOT

Au bord même, et, en quelque façon, à la frange opalisée de cette nuance, c'est lui, c'est bien lui !

ROBINE

Chers confesseurs !

ROBINOTTE

Divins esthètes du sentiment !

TOUS

Et voilà que nous aimons, enfin, oh ! presque, combien si presque !

SCÈNE II

SIMPLE, surgissant.

Tas d'idiots !

ROBIN

D'où sort ce butor ?

ROBINOT

Que nous veut ce malotru ?

ROBINE

Voyez donc ces grosses choses qu'il a sur la tête !

ROBINOTTE

Et ces non moins grosses choses qu'il a de l'autre côté !

ROBINE

Si grosses !

ROBINOTTE

Oh ! combien grosses !

ENSEMBLE

Qu'est-ce que c'est ? Qu'est-ce que c'est ?

ROBIN

Peuh ! Je ne sais pas. Rien, je pense.

ROBINOT

Pft ! Qu'importe ? Rien, en effet.

SIMPLE

Rien ? Allons donc ! Pauv' petits !

ROBINE

Pourquoi les appelez-vous si méprisamment pauv' petits ?

ROBINOTTE

Oui, pourquoi, les chers aimés ?

SIMPLE

Il est vrai que j'aurais dû plutôt dire « pauv' petites ! » C'est vos amants, ces deux niais-là ?

ROBINE

Mais oui, nos amants.

ROBINOTTE

Et même nos professeurs d'amour.

ROBIN

On s'en flatte, j'ose le dire.

ROBINOT

Le fait est que pour ce qui est de l'amour, en tant qu'esthétique et tout à la fois éthique...

SIMPLE

Étique toi-même, foutriquet !

ROBINOT

Fi ! que vous êtes grossier !

ROBIN

A quelle école appartenez-vous donc ?

SIMPLE

A celle où vous ne pouvez pas êtres élèves, tristes bougres ! A l'école de faire sans dire. Regardez plutôt !

(Il se rue sur Robine.)

ROBINE

Ah ! mon Dieu ! mon Dieu ! Où suis-je ? Et que m'arrive-t-il ?

(Il se rue sur Robinotte.)

ROBINOTTE

Ciel ! Où vais-je ? Et de quel nom s'appelle ce que j'éprouve ?

SIMPLE

Ça s'appelle...

ROBIN
Pas de mots malséants, monsieur !

ROBINOT
Assez d'ordure, je vous prie !

ROBINE
D'ailleurs, le nom importe peu.

ROBINOTTE
Bien sûr ; il n'y a d'intéressant que la chose.

SIMPLE
A votre service, mesdames !

(Il s'en va.)

SCÈNE III

ROBIN
Reprenons nos douces discussions subtiles.

ROBINOT
Si douces et combien subtiles !

ROBINE
Permettez ! J'ai d'abord un léger renseignement à demander...

ROBINOTTE
Et moi un éclaircissement...

ROBIN
A qui ? Ne sommes-nous pas là pour... ?

ROBINOT

Pas à ce goujat, je suppose ? Vous n'allez rien demander à un tel... ?

ROBINE

Pourquoi pas ? Un simple petit détail !

ROBINOTTE

Oui, une nuance, une fine nuance !

(Elles se sauvent.)

SCÈNE IV

A la cantonade.

SIMPLE

Ah ! ah ! mes mignonnes, vous y prenez goût, à ce que je vois.

ROBINE

Dame !... tout ce qui touche au sentiment...

ROBINOTTE

A la psychologie...

SIMPLE

Tiens ! Tu appelles ça psychologie ?

ROBINOTTE

Mais il me semble qu'à la rigueur...

ROBINE

Certes, est-ce que la psychologie... ?

SIMPLE

Va pour psychologie ! Moi, les mots, je m'en fiche, pourvu que...

(On entend des bruits intraduisibles.)

SCÈNE V

ROBIN

Oh ! les pécores ! C'est odieux.

ROBINOT

Des amantes si subtiles ! Combien subtiles !

ROBIN

Oublier ainsi le culte des nuances !

ROBINOT

Des délicates et exquises nuances !

ROBIN

Pour un pareil monstre !

ROBINOT

Un hideux monstre, anormal, excessif !

ENSEMBLE

Brute ! Brute ! Brute !

SIMPLE

Silence, les châtrés !

V

LE SECRET DE POLICHINELLE

COMÉDIE SOCIALE

LE SECRET DE POLICHINELLE

PERSONNAGES

PREMIER BOURGEOIS.
DEUXIÈME BOURGEOIS.
LE TAMBOUR DE VILLE.
LE CAMELOT.

SCÈNE PREMIÈRE

LE TAMBOUR DE VILLE, lisant un énorme placard.

Avec l'autorisation de M. le maire et sous le patronage du gouvernement, il est fait assavoir à tous les habitants de la cité, des faubourgs et autres, qu'aujourd'hui, à midi précis, aura lieu irrévocablement l'émission des titres de la Grande Société fondée par le seigneur Polichinelle pour l'exploitation de son secret. Le prix des titres est fixé à cinquante centimes, dont la moitié payable comptant et le reste tout de suite. La modicité démocratique de la somme à verser, la simplicité du procédé de souscription donnant-donnant, la haute garantie des autorités, l'importance universellement connue du secret mis en exploitation, interdisent au seigneur Polichinelle l'emploi d'une réclame qu'il considère ici non seulement comme honteuse, mais comme inutile. L'affaire parle d'elle-même, sans avoir besoin d'être autrement recommandée, et le seigneur Polichinelle est certain d'avance que ses concitoyens y verront loyalement la preuve de l'affection fraternelle et désintéressée qu'il leur porte, avec l'autorisation de M. le maire et sous le patronage du gouvernement.

SCÈNE II

PREMIER BOURGEOIS

C'est curieux, tout de même, comme il y a des gens qui ont des idées ! Du diable si je me serais jamais douté, moi, que le secret de Polichinelle pouvait être mis en exploitation ! Au fait, pourquoi pas ? Il y a si longtemps qu'on en parle, de ce fameux secret ! Evidemment, ce n'est pas rien. Voyons un peu ce qu'en disent les journaux.

(Il lit dans un journal.)

« Inutile de nous appesantir sur l'objet de la Grande Société fondée par le seigneur Polichinelle. Nous croirions faire injure à l'intelligence de nos lecteurs en supposant seulement qu'ils ignorent de quoi il s'agit ici. Le secret de Polichinelle, tout le monde le connaît. »

DEUXIÈME BOURGEOIS, qui vient de lire la même chose dans un autre journal.

Bien sûr, que tout le monde le connaît !

PREMIER BOURGEOIS

Eh ! monsieur, je ne dis pas le contraire !

DEUXIÈME BOURGEOIS

Par conséquent, vous le connaissez.

PREMIER BOURGEOIS

Comment donc ! Et vous aussi, n'est-ce pas ?

DEUXIÈME BOURGEOIS

Dame ! je ne suis pas plus bête qu'un autre.

ENSEMBLE, à part.

Je voudrais pourtant bien savoir ce que c'est.

(Ils reprennent chacun un journal.)

PREMIER BOURGEOIS, lisant.

« Les bénéfices d'une telle affaire sont certains et incalculables. Le secret de Polichinelle se trouvant partout, rien de plus facile que de le mettre en coupe réglée. Les études préparatoires ont, d'ailleurs, été faites avec la compétence voulue. On peut, dès aujourd'hui, en toute sécurité, affirmer que le rendement dépassera mille pour cent. Et encore faut-il dire qu'on sera obligé de modérer l'exploitation afin de ne pas amener l'encombrement, et, par suite, la dépréciation momentanée de la matière première. »

DEUXIÈME BOURGEOIS, qui vient de lire la même chose dans son journal.

Voilà qui est joliment raisonné ! Avez-vous remarqué, monsieur, comme les publicistes sont bien au courant de tout et savent expliquer clairement les choses les plus techniques ?

PREMIER BOURGEOIS

Je l'ai remarqué, monsieur. Cela m'étonne toujours. J'en suis fier pour notre époque.

DEUXIÈME BOURGEOIS

Et non seulement ils sont au courant des choses ; mais ils le sont aussi des gens. Je suis sûr, par exemple, que nous allons trouver tout à l'heure dans nos feuilles les renseignements les plus circonstanciés sur le seigneur Polichinelle en personne.

PREMIER BOURGEOIS

Je ne serais pas fâché d'en avoir.

DEUXIÈME BOURGEOIS

Moi non plus. Car, enfin, ce n'est pas tout, que son secret soit célèbre et que son idée de l'exploiter soit bonne. Encore faut-il qu'on sache quelle individualité est à la tête d'une aussi grosse affaire.

PREMIER BOURGEOIS

Cela va sans dire. Quoique, après tout, le patronage du gouvernement...

DEUXIÈME BOURGEOIS

Je ne m'y fie qu'à moitié, moi, monsieur.

PREMIER BOURGEOIS

Moi de même, au fond.

ENSEMBLE

Il est certain que l'honorabilité personnelle d'un homme bien coté en Bourse offrirait à elle seule plus de surface.

PREMIER BOURGEOIS

Et vous n'avez aucune donnée sur le seigneur Polichinelle?

DEUXIÈME BOURGEOIS

Aucune. C'est-à-dire, si. J'en ai une, mais très vague. J'ai été en relations, jadis, avec un certain Polichinelle, bon garçon et mauvais sujet. Il est vrai qu'alors j'étais tout enfant.

PREMIER BOURGEOIS

J'ai souvenir aussi du Polichinelle dont vous parlez. Mais, quand je l'ai fréquenté, j'étais enfant comme vous.

DEUXIÈME BOURGEOIS

Il n'y a guère apparence que notre Polichinelle d'autrefois...

PREMIER BOURGEOIS

... Et le seigneur Polichinelle d'aujourd'hui...

ENSEMBLE

... Soient le même Polichinelle.

PREMIER BOURGEOIS

Mais voyons le journal.

DEUXIÈME BOURGEOIS

Vous avez raison : c'est la loi et les prophètes.

ENSEMBLE, lisant le même article dans deux feuilles différentes.

« Quelques malveillants ont fait courir le bruit que le seigneur Polichinelle avait eu jadis des difficultés avec la justice. On a insinué des histoires de commissaire battu, de potence même. »

PREMIER BOURGEOIS

Tiens ! Tiens ! J'ai en effet un souvenir de ça.

DEUXIÈME BOURGEOIS

Je crois bien me rappeler aussi...

ENSEMBLE

Mais voyons le journal. Lui seul nous dira...

(Ils continuent à lire.)

« Nos lecteurs ont certainement réfuté d'eux-mêmes ces odieuses calomnies. Le nom de Polichinelle, on le sait, est extrêmement répandu. »

PREMIER BOURGEOIS

Parbleu !

DEUXIÈME BOURGEOIS

S'il est répandu ! Je vous crois !

ENSEMBLE

Tout le monde a rencontré, dans la vie, des Polichinelles. (A part, avec un clin d'œil égrillard.) Même dans des tiroirs... Ainsi !

(Ils continuent à lire.)

« C'est un homonyme qui a commis jadis quelques excentricités, d'ailleurs sans grande importance, frasques de jeunesse, rien de plus. Mais, fussent-elles plus graves, ces irrégularités, dont un autre seul fut coupable, ne sauraient en quoi que ce soit porter atteinte à l'illustre blason du seigneur Polichinelle, aussi renommé à l'étranger qu'en France. Personne n'ignore, en effet, que le seigneur Polichinelle est d'une famille ancienne, honorée dans l'Europe entière, et dont les trois branches sont représentées, à l'heure actuelle, par lord Punch à Londres, par le marquis Pulcinella à Naples, et par le seigneur Polichinelle à Paris. »

PREMIER BOURGEOIS

Personne ne l'ignore, certes.

DEUXIÈME BOURGEOIS

Comment pourrait-on l'ignorer ?

ENSEMBLE, à part.

Dire que je ne m'en doutais pas !... Mais quoi ! On s'instruit tous les jours avec nos admirables publicistes. Ce sont de vrais dictionnaires. Tout, tout, ils savent tout !

(Ils continuent à lire.)

« A ce propos, nous croyons de notre devoir de révéler à nos lecteurs un secret presque aussi important, quoique beaucoup moins connu, que le secret même de Polichinelle : c'est que la Grande Société en formation est lancée à la fois par les trois maisons de Londres, de Naples et de Paris. Il y a là trois garanties pour une, et dont on voulait faire la surprise aux souscripteurs après l'émission seulement. Mais nous n'avons pu résister au désir d'en réserver la primeur à nos lecteurs qui sont nos amis. »

PREMIER BOURGEOIS

Vous voyez si mon journal est un bon journal.

DEUXIÈME BOURGEOIS

Et le mien donc !

ENSEMBLE

Et cela, évidemment, sans s'être entendus, puisqu'ils se font concurrence. Faut-il que l'affaire soit bonne !

SCÈNE III

UN CAMELOT

Demandez le *Pilori !* La vérité sur la Grande Société pour l'exploitation du secret de Polichinelle ! Le casier judiciaire du seigneur Polichinelle ! Ses banqueroutes frauduleuses ! Demandez les dépêches de Londres et de Naples ! Demandez les dernières nouvelles ! Demandez le *Pilori*, les détails complets !

(Les deux bourgeois achètent le *Pilori* où ils lisent que le seigneur Polichinelle, lord Punch et le Pulcinella ne sont qu'un seul et même individu, condamné à Londres et à Naples sous ses deux noms d'emprunt, évadé du bagne, et l'ancien Polichinelle de Guignol.)

SCÈNE IV

PREMIER BOURGEOIS

Est-il Dieu possible qu'on permette de traîner ainsi dans la boue un homme qui...

DEUXIÈME BOURGEOIS

Un homme que...

ENSEMBLE

Un homme dont mon journal dit tant de bien ! Mon journal, le plus indépendant des journaux !

PREMIER BOURGEOIS

Cette presse est une honte pour le pays.

DEUXIÈME BOURGEOIS

Une honte, vous avez raison, et j'en rougis pour mon époque.

PREMIER BOURGEOIS

Ce *Pilori !* Une feuille de chantage !

DEUXIÈME BOURGEOIS

A qui le dites-vous ?

SCÈNE V

LE CAMELOT

Demandez le *Pilori*, dernière édition ! La rétractation des fausses nouvelles ! La lumière sur la Grande

Société pour l'exploitation du secret de Polichinelle ! La hausse de la Bourse ! Demandez le prospectus de l'émission ! Demandez le *Pilori*, les détails complets !

(Les deux bourgeois achètent le *Pilori*, où ils lisent que l'édition précédente a été le résultat d'un malentendu regrettable, que la rédaction reconnaît loyalement avoir été induite en erreur, etc., etc., plus tous les renseignements apologétiques déjà lus dans les autres journaux et reproduits ici avec des commentaires en dithyrambe.)

SCÈNE VI

PREMIER BOURGEOIS

A la bonne heure ! Voilà une presse qui honore le pays.

DEUXIÈME BOURGEOIS

J'en suis fier pour mon époque.

PREMIER BOURGEOIS

Cela fait plaisir à constater, que tout le monde soit d'accord pour une affaire de cette importance.

DEUXIÈME BOURGEOIS

Et, notez-le bien, monsieur, sans que personne se soit donné le mot pour cela.

PREMIER BOURGEOIS

Voilà qui rend la chose significative.

DEUXIÈME BOURGEOIS

On peut le dire.

ENSEMBLE

Ce qui me ravit le plus, c'est que tout cela se sera fait sans réclame.

PREMIER BOURGEOIS

Vous allez souscrire, n'est-ce pas ?

DEUXIEME BOURGEOIS

Bien sûr. Et vous ?

PREMIER BOURGEOIS

Ah ! fichtre, oui !

ENSEMBLE

Dame ! je ne suis pas plus bête qu'un autre.

VI

PROPRIÉTÉ LITTÉRAIRE

PREMIER INTERMÈDE PHILOSOPHIQUE

PROPRIETÉ LITTÉRAIRE

> « Ce chien est à moi. » disaient
> ces pauvres enfants.
> (Pascal.)

LA VIANDE

J'étais un bœuf au pâturage. Après avoir longtemps travaillé pour l'homme, tiré la charrue, traîné la voiture pleine de gerbes, l'homme m'a donné, en récompense, six mois d'engraissement et l'abattoir. Mais je ne lui en veux pas. J'ai connu les longues joies du repos, succédant au labeur, les bonnes ventrées d'herbe, les longues rêveries à l'ombre en ruminant, tandis que dans mes yeux vagues se reflétait le vol des nuages voyageurs. Au suc des plantes, au lent humer du grand air balsamique et salin, aux fraîcheurs du sommeil dans la rosée, aux chauds baisers du midi qui changeait en coulées d'argent les pendeloques baveuses de mon mufle, aux digestions calmes et aux insoucieuses paresses, ma chair lamentable a refleuri et je suis devenu cette belle viande rouge, grasse, pulpeuse, réservoir de force et de vie pour celui qui va me manger.

LE PAIN

Je serai ton compagnon dans son estomac. Me reconnais-tu? Moi, je te reconnais. Sous une forme nouvelle, je suis ton vieil ami le blé. C'était pour préparer le lit où l'on me sème, que tu labourais la terre. Quand j'y avais germé, et quand, sortis d'elle, mes brins d'émeraude filée s'étaient mués en tiges d'or, c'est toi qui me charriais jusqu'à la grange. Là, j'ai dormi longtemps, avec tous mes bons souvenirs d'aurores mouillées, de couchants en pourpre, de soleils en fournaise. Moulu pour être farine, pétri pour être pâte, cuit pour être pain, je n'ai rien oublié de ces bons souvenirs. Ils sont toujours en moi, et celui qui va repaître son corps du mien se repaîtra de mes souvenirs aussi, et, sous mon espèce, communicra sans le savoir avec la terre qui m'a porté dans son sein et avec le ciel qui m'a nourri de ses baisers.

LE VIN

Crois-tu donc que, sous mon espèce, à moi, il ne communicra pas aussi avec cette terre et avec le ciel? Ah! mes souvenirs sont plus nombreux encore que les tiens. Tu n'as vécu, toi, qu'une année à peine, et la moitié du temps sous terre. Moi, je ne suis pas seulement le raisin d'un automne ; je suis la fleur d'une vigne qui a vu passer des générations d'années. En moi revivent combien de printemps aux bourgeons gemmés, combien d'étés à l'âme de feu, combien de vendanges égayées par les danses dans la cuve qui bouillonne, par les chansons autour des tonneaux en perce ! Et la sueur des gas qui m'ont piétiné, et celle des filles qui m'ont cueilli de leurs mains caressantes, porté sur leurs reins onduleux, mordu entre leurs lèvres gourmandes ! C'est tout cela que je vais verser dans celui qui s'apprête à me boire ; c'est de tout cela que je suis fumant et rouge et que je ferai son sang fumant et rouge comme moi.

LE SANG

Ne sois pas si orgueilleux ! Pour me faire fumant et rouge, et vivant, il m'a fallu des souvenirs et des communions en nombre encore plus grand que tu ne penses. C'est de pain et de viande et de vin quotidiens que j'existe, et de tous les aliments qui ont nourri les aïeux de l'homme en qui je roule. Que sont tes souvenirs de quelques saisons, et la communion avec eux, auprès de la vie immémoriale qu'ont vécue tant d'ancêtres, communiant avec tes pareils depuis qui sait quand ? Et c'est avec tous leurs souvenirs, abolis en apparence, mais subsistant au fond et au tréfond de moi, dans les limbes de l'inconscient perdurable, que je communie sans cesse et sans pouvoir m'en douter et sans pouvoir non plus m'en affranchir. Toi, ce pain et cette viande, vous allez ajouter quelques atomes de vie et de souvenirs obscurs aux millions de milliards d'autres atomes non moins obscurs dont je me compose. Vous n'êtes que des gouttes d'eau dans cet océan que je suis, océan limité si l'on songe au corps qui me contient, océan infini si l'on veut essayer de compter ce que contient mon être depuis l'insaisissable origine de tout être.

LE MOT

Voilà bien de la philosophie, et je crois que l'on s'égare à remonter si haut. Certes, la possibilité seule d'exprimer de telles idées doit rendre fier le cerveau qui se sert de moi pour leur donner une forme ; mais cependant...

L'IDÉE

Tu es par trop prétentieux, mon cher. A t'entendre, on croirait que la forme donnée à l'idée est tout, et que l'idée elle-même n'est rien. Il me semble que...

LE MOT

Voyez-vous, cette vaniteuse ! Elle a l'air de me mépriser, elle qui en effet, sans moi, ne serait rien, rien, rien.

L'IDÉE

Ah ! c'est trop fort ! Moi qui, seule, fais qu'un penseur est original !

LE MOT

Il n'y a personne qui soit original. Tout a été dit, n'est-ce pas ?

L'IDÉE

Alors, de quoi te vantes-tu aujourd'hui ?

LE MOT

D'avoir tout dit, justement, et de pouvoir tout redire sous une forme nouvelle.

L'IDÉE

Mais qui t'a inventé, toi?

LE MOT

Est-ce qu'on sait?

L'IDÉE

Enfant de tout le monde!

LE MOT

Gueuse que j'habille!

LE CERVEAU

Paix-là! Vous êtes tous deux mes serviteurs. A quoi bon vous disputer une prééminence qui n'appartient qu'à moi, votre maître? Oubliez-vous donc que le peuple de vos semblables, idées et mots, mots et idées, dépendent de ma volonté souveraine? Silence, esclaves!

LE SANG

Silence, esclave toi-même, qui dépends de moi; et n'oublie pas que je dépends aussi de ceux-là auxquels tu ne fais pas attention, de ce pain, de cette viande et de ce vin, et de tous les aliments qui ont nourri tous les atomes roulant en moi! Et même ces mots et ces idées, de quel droit oses-tu les dire tiens? Est-ce toi qui les as forgés, ces mots, que l'idée appelle si justement enfants de tout le monde? Est-ce toi qui les as formulées, ces idées que le mot traite, avec raison, de gueuses habillées par lui? Comme il a fallu des milliers de milliards de globules s'enfantant les uns des autres pour me constituer, il a fallu des séries infinies de cerveaux pour concevoir la première idée et l'exprimer par le premier mot. Et, depuis, combien de souvenirs et d'atavismes complexes, avant d'arriver à ce peuple de mots et d'idées dont tu te crois le maitre aujourd'hui ! Pauvre misérable, sache que tu en es simplement l'usufruitier, le locataire, rien de plus. Cela t'appartient au même titre que l'air quand tu le respires.

L'ÉCRIVAIN

Mon pouls bat furieusement. Je me sens le cerveau en ébullition. Le repas que je viens de faire me donne une verve ! Écrivons ! Je crois que je vais produire une bonne page.

L'HUISSIER

Et ceux qui s'aviseront de la reproduire auront à me payer, pour droit de reproduction, un sou par ligne, plus les frais.

LE DIX-NEUVIÈME SIÈCLE

A la bonne heure ! Voilà parler !

LE VINGT-ET-QUELQUIÈME

Fumiste, va !

VII

LES PORTRAITS

COMÉDIE DE CARACTÈRE

LES PORTRAITS

PERSONNAGES

POLICHINELLE.
PIERROT.
MONSIEUR BUGNE.
MADAME BUGNE.

(La scène, grâce à un ingénieux artifice du décorateur, est divisée en deux compartiments, dont l'un représente un vaste et somptueux atelier dans le quartier Monceau, tandis que l'autre représente une pauvre mansarde à tabatière, perchée tout en haut de Montmartre. Par un non moins ingénieux et encore plus incompréhensible artifice du même idéal décorateur, ces deux compartiments sont précédés d'un troisième lieu vague, transparent et limbique, pouvant figurer indistinctement tous les endroits nécessaires à l'évolution de la pièce. Les personnes dénuées d'imagination sont priées de faire comme si elles en avaient et d'admettre cette plantation telle quelle, même sans pouvoir arriver à s'en rendre compte. C'est bien le moins qu'un auteur ait le droit de se passer, sur le papier, les fantaisies décoratives dont le prive, sur le théâtre, l'indigence du machinisme moderne.)

SCÈNE PREMIÈRE

MONSIEUR ET MADAME BUGNE

Voyons, avant de pénétrer dans l'un ou dans l'autre de ces deux ateliers, sachons bien ce que nous voulons.

MONSIEUR

Je veux mon portrait.

MADAME

Moi aussi.

MONSIEUR

Très ressemblant.

MADAME

Moi aussi.

MONSIEUR

Pas embelli, mais parlant.

MADAME

Moi aussi.

MONSIEUR

Toutefois, je ne veux pas poser trop longtemps.

MADAME

Moi non plus.

MONSIEUR

Ni payer trop cher.

MADAME

Moi non plus.

MONSIEUR

Ni être portraituré par un galfâtre.

MADAME

Moi non plus.

MONSIEUR ET MADAME BUGNE

Nous voilà tout à fait d'accord.

SCÈNE II

PIERROT, seul.

Il est certain qu'à continuer de la sorte je n'arriverai jamais. Hélas! je le sais bien. Mais qu'y faire? C'est plus fort que moi. Me colleter avec la nature, tâcher de l'exprimer à travers mes sensations à moi, voilà ce que je veux. Belle ou laide, je m'en fiche, pourvu qu'elle soit vivante!... Ah! vivante, c'est ça le hic!... Comment traduire ça, la vie?... J'ai essayé de tous les moyens. Le trait synthétique, le pointillé analytique, l'empâtement, la tache, le flou, tout m'est bon comme procédé. Et jamais, jamais, je ne suis content de ma besogne. C'est toujours inférieur à ma vision. Et pourtant, non, non, je ne renoncerai pas à chercher, à être sincère. Il n'y a encore que ça de bon dans l'art, après tout. Réussir, peuh! la belle affaire! Vibrer, se donner, jouir en croyant qu'on y est, à la bonne heure! Et le reste, du flan!

SCÈNE III

POLICHINELLE, seul.

Dieu! que ce pauvre Pierrot est bête! Des théories, des rêves, des chimères! Idiot, va! Exprimer la nature, qu'est-ce que ça signifie? Et à travers ses sensations à lui, dit-il! Mais c'est ça qui nous est égal, ses sensations. Chacun a les siennes, de sensations, et qui lui paraissent bougrement plus intéressantes que celles des autres. Alors, quoi ? La nature, il faut la traduire aux clients non pas comme on la voit ou la sent, soi, mais comme la voient ou la sentent les clients eux-mêmes, et voilà tout. Parbleu ! moi aussi, les procédés, n'importe lesquels, me sont bons. Je les ai tous employés, selon la mode du moment. Mais c'était encore vieux jeu, vrai ! J'ai trouvé mieux. Et ce qu'on les gobe, mes portraits dernier cri ! Et ce qu'on les paie, aussi ! Contenter le public, le faire jouir comme il veut, pas autrement, et palper, à la bonne heure ! Et le reste, des pommes !

SCÈNE IV

MONSIEUR ET MADAME BUGNE

Monsieur Pierrot, c'est bien vous le grand peintre dont on nous a indiqué l'adresse ici, dans cette maison ?

PIERROT

Le grand peintre ?... Ce doit être moi, oui.

MONSIEUR

Vous êtes bien mal logé, pour un grand peintre !

MADAME

Oh ! tu sais, monsieur Bugne, les artistes !

MONSIEUR

Oui, en effet, je sais ! On est original, dans votre partie.

PIERROT

C'est à monsieur Bugne, n'est-ce pas, et à madame, sans doute, que j'ai l'honneur de parler?

MONSIEUR ET MADAME

Parfaitement. Et nous venons pour faire tirer notre portrait.

PIERROT

Voilà qui va des mieux! (A part.) Oh! les chics modèles! Veine! Veine!... Ce gros, tout en rondeurs, et si enluminé! Et cette longue bringue, tout en angles, et d'un gris! Ce que je vais me régaler!

MONSIEUR ET MADAME

A quoi donc pensez-vous et que dites-vous entre vos dents?

PIERROT

Excusez-moi! Je pensais à la joie d'avoir des modèles aussi intéressants, et je disais...

MONSIEUR ET MADAME

Que nous sommes beaux, n'est-ce pas?

PIERROT

Oui, certes, à votre manière. Ainsi, par exemple, monsieur, si... (A part.) soyons polis, tout de même. (Haut.) Si... majestueux! Et madame, si, si... distinguée! (A part.) Je suis bien lâche aujourd'hui.

MONSIEUR

Ah! vous me trouvez si majestueux que ça?

MADAME

Et moi, si distinguée ?

PIERROT

Dame ! Il me semble.

MONSIEUR

Moi, je me vois plutôt mignon, élégant, un peu trop déluré peut-être, mais enfin gracieux, talon-rouge.

MADAME

Et moi, je suis sûre d'être comme qui dirait boulotte, pas assez sur mon quant-à-soi, bien certainement, mais avec quelque chose de bonne fille, de tout rond.

PIERROT

Ah !... C'est ainsi que vous vous voyez, chacun ! Bien !... Enfin, ça se modifiera peut-être à la pose.

MONSIEUR ET MADAME

Longue, la pose ?

PIERROT

Ça, je n'en sais rien. Six mois, un an, deux ans, je ne peux pas dire. Je vous lâcherai quand je serai satisfait de mon œuvre.

MONSIEUR ET MADAME

En général, quand est-ce que vous en êtes satisfait ?

PIERROT

Jamais.

MONSIEUR ET MADAME

Diable !

PIERROT

Mais notez qu'en revanche on me paie seulement après la fin finale, et pas cher.

MONSIEUR ET MADAME

Sûr, si vous ne finissez point.

PIERROT

C'est comme ça. La sincérité d'abord ! Et tenez, puisque je suis en train de me déboutonner, laissez-moi vous dire que tout à l'heure j'ai été lâche en tolérant que vous m'imposassiez (oui, imposassiez) votre vision de vous-mêmes. Elle est stupide, votre vision ! Monsieur, qui se voit mignon, élégant, gracieux, déluré, talon-rouge ! Je vous demande un peu ! Un potiron, voilà, et un melon au-dessus, parfaitement ! Et le nez en aubergine ! Et des joues en tomates ! Et les doigts comme des saucisses ! Et l'air andouille ! Tel est votre blot, mon bonhomme ! Quant à vous, la mère pisse-vinaigre, à la peau de pain d'épices, aux articulations squelettiformes, vous avez l'air bonne fille et tout rond comme je ressemble au cul de la mule du pape. Là, maintenant que je vous ai dit tout ce que je pense, à la pose, et allons-y gaiement !

MONSIEUR ET MADAME

Horreur ! Malotru ! Goujat ! Allons-nous-en !

SCÈNE V

POLICHINELLE

Par ici, par ici, madame et monsieur! Vous vous étiez trompés de porte. Le grand peintre dont on vous avait donné l'adresse, le seul grand peintre qui habite cette maison, le célèbre et unique grand peintre, c'est moi.

MONSIEUR ET MADAME

En effet, vous êtes logé; vous, au moins, comme un artiste sérieux.

POLICHINELLE

On peut le dire. Mon atelier a eu le premier prix d'installation à l'exposition de Chicago.

MONSIEUR

Je ne la croyais pas encore ouverte.

POLICHINELLE

Je n'ai que plus de mérite à y avoir remporté le premier prix.

MADAME

C'est vrai, tout de même, monsieur Bugne.

POLICHINELLE

Vous venez, n'est-ce pas, cher monsieur et chère madame Bugne, pour vos portraits?

MONSIEUR ET MADAME

Qui vous a dit?

POLICHINELLE

Oh ! je le devine à votre regard. Je devine tout au regard. L'habitude, vous concevez ! L'habitude de lire toute une existence, tout un caractère, en un coup d'œil. Le coup d'œil du grand portraitiste !

MONSIEUR ET MADAME

Alors, vous ne devez pas faire poser longtemps, vous ?

POLICHINELLE

Moi, pas du tout.

MONSIEUR ET MADAME

Oh ! pas du tout, c'est beaucoup dire. Vous exagérez sans doute !

POLICHINELLE

Je n'exagère pas le moins du monde. Quand je dis *pas du tout*, il s'agit parfaitement de *pas du tout*.

MONSIEUR ET MADAME

Par exemple, ça, c'est miraculeux.

POLICHINELLE

Miraculeux, en effet, il serait puéril de vouloir le dissimuler. Je suis un portraitiste miraculeux.

MONSIEUR ET MADAME

Mais, comment faites-vous pour, sans qu'on pose, attraper la ressemblance ?

POLICHINELLE

Je grave mes modèles là. (Il se touche le front.)

MONSIEUR ET MADAME

Pas possible !

POLICHINELLE

Comme j'ai l'honneur de vous le dire. Ainsi, tenez, vous deux, maintenant, je vous tiens, je vous ai. Même les yeux fermés, je vous vois. Jugez plutôt ! (Il ferme les yeux.) M. Bugne est mince, fluet, d'allure élégante, gracieuse, talon-rouge. Il a un nez droit, grec, d'Apollon, précisément le contraire de ce qu'on appelle un nez en aubergine. Ses joues ne font pas songer à des tomates, mais à des roses. Pour ce qui est de la délicieuse Mme Bugne, je ne saurais vraiment la comparer qu'à un lys. Elle en a la blancheur. Toutefois elle a aussi le velouté, le dodu, d'un camélia, et d'un camélia qui serait, si j'ose m'exprimer ainsi, un camélia Roger-Bontemps.

MONSIEUR ET MADAME

Vous nous connaissez comme si vous nous aviez faits.

POLICHINELLE

Et je vais vous faire comme je vous connais.

MONSIEUR ET MADAME

Ce sera cher ?

POLICHINELLE

Oh ! presque rien. Un prix d'amis. Dix mille francs, pas plus.

MONSIEUR ET MADAME

Dix mille francs les deux portraits ?

POLICHINELLE

Non, non ! Vous ne voudriez pas. J'y perdrais, parole d'honneur ! C'est dix mille francs la pièce.

MONSIEUR ET MADAME

Ho ! ho ! hum ! hum ! diable !

POLICHINELLE

Oui ; mais regardez comme c'est ressemblant.
(Il leur tend deux petits miroirs de cinq sous, encadrés dans une riche bordure de plâtre doré.)

MONSIEUR ET MADAME

C'est criant de ressemblance. Ça parle.

POLICHINELLE

N'est-ce pas ? On se reconnaît.

MONSIEUR BUGNE

Me voilà bien tel que je me trouve.

MADAME BUGNE

Et moi telle que je suis sûre d'être.

MONSIEUR ET MADAME

Et ce cadre, quelle merveille !... Décidément, dix mille francs, ce n'est pas trop cher.

POLICHINELLE

Dites que c'est donné.

SCÈNE VI

PIERROT, seul.

Allons, remettons-nous à la besogne ! Par bonheur, il me reste mon vieux modèle, cette botte d'oignons que je ne peux pas arriver à rendre comme je la sens. Bah ! avec de la patience et de la sincérité, j'y arriverai bien, un jour ou l'autre.

(Tout en travaillant, il chantonne :)

*La peinture à l'huile,
C'est bien difficile...*

(Puis, comme il a faim, il épluche un oignon et le mange et chose bizarre, c'est lui qui épluche l'oignon, et c'est Polichinelle que l'oignon fait pleurer.)

———

VIII

LES DEUX CHATS

DIALOGUE CÉRÉBRAL

LES DEUX CHATS

PERSONNAGES

UN CHAT GRAS.
UN CHAT MAIGRE.

(La scène se passe dans la cervelle d'un jeune homme, apprenti gendelettre, si tant est qu'il y ait quelque part un gendelettre s'avouant apprenti.)

LE GRAS

Puisque le hasard réunit en ce lieu singulier deux chats, le maigre que vous êtes et le gras que je suis, vous serait-il agréable, monsieur et cher confrère, que nous dialoguassions ?

LE MAIGRE

Il me paraît bien invraisemblable que nous puissions être confrères, monsieur, tant vous êtes gras et tant je suis maigre. Toutefois, du moment que vous l'affirmez, je l'admets. Me voici donc à vos ordres. Il vous plairait, je vois, que nous dialoguassions. Soit! Dialoguassons!

LE GRAS
Mais sans ironie, n'est-ce pas?

LE MAIGRE
Sans ironie aucune, en vérité.

LE GRAS
Nous dirons simplement, chacun à notre tour, ce que nous rêvons, ce que nous faisons, pourquoi et comment nous le faisons.

LE MAIGRE
Tels les bergers de Virgile, si je comprends bien votre désir?

LE GRAS
Tels, en effet. Une façon d'idylle! Vous m'avez compris à merveille. Commencez donc, je vous prie.

LE MAIGRE
Ah! ce que je rêve, voilà qui ne m'est pas facile à dire. Si je le savais! Si je le savais!

LE GRAS
Moi, ce que je rêvais, dès l'âge le plus tendre, je ne l'ai jamais ignoré. Arriver! Réussir!

LE MAIGRE
Chercher, chercher toujours, et ne pouvoir être content de ce que je trouve, même quand les autres ont l'air d'en être satisfaits!

LE GRAS

Ne penser qu'à les satisfaire, ces autres, fût-ce en n'étant pas content de moi-même ! Car, dès qu'ils proclament que c'est bien, j'oublie que ça ne l'est pas.

LE MAIGRE

Ainsi, tout ce que je fais me paraît mauvais, toujours, sûrement, irrémédiablement.

LE GRAS

Ainsi, je ne fais rien qui ne me semble bon, exquis, admirable, très sincèrement.

LE MAIGRE

N'ai-je pas contre moi ton implacable réquisitoire, ô farouche conscience artistique ?

LE GRAS

N'ai-je pas pour moi votre complaisant témoignage, ô gens de goût, ô mesurés connaisseurs ?

LE MAIGRE

Que les maîtres sont grands ! J'aime jusqu'à leurs défauts. Oh ! les égaler, sans les imiter !

LE GRAS

Que la mode est une belle chose ! Oh ! imiter ceux qui la créent ! Imiter leurs défauts surtout !

LE MAIGRE

Vers, théâtre, roman, toutes les formes me séduisent.

A l'instant où l'une d'elles me tient amoureux, à celle-là je me livre éperdument, tout entier.

LE GRAS

Dis-moi ce que tu préfères, ô cher public, et c'est de cela que je serai vivement épris, pendant tout le temps que tu en seras épris toi-même.

LE MAIGRE

On me traite d'irrégulier, de révolté, de fou! Qu'est-ce que cela me fait? Libre, libre, je suis libre.

LE GRAS

Les envieux prétendent que je ne suis pas original! Que m'importe? Le soleil est banal aussi, qui luit pour tout le monde. Voilà une consolation.

LE MAIGRE

Le soleil! Le soleil! Être comme lui, splendide, énorme, aveuglant, une monstrueuse fleur de flamme!

LE GRAS

Combien plus sage d'être le verre fumé, ou la besicle bleue, à travers quoi on peut le regarder sans se brûler les prunelles!

LE MAIGRE

Il faut que les prunelles soient brûlées ainsi.

LE GRAS

Mieux vaut se servir des bonnes, des douces conserves.

LE MAIGRE

Ah! l'outrance, l'excès, la fièvre, l'au-delà, le *sursum*

corda, l'exaspération de l'enthousiasme, cela seul est vrai. Car le temps, et l'impuissance même de nos efforts, et notre veulerie naturelle, et nos lâchetés d'exécution, se chargent assez de ternir et d'engrisailler nos rêves les plus rouges. Pour que, de ce rouge entrevu, il reste seulement un peu de rose, ce n'est pas trop d'y verser d'abord tout notre sang.

LE GRAS

Atténuons même les plus pâles tons roses, afin qu'on n'y découvre pas la trace de l'odieux rouge, cru, criard, féroce, qui fait songer au vin père de l'ivresse et des batailles, et au sang répandu ! Tu ne veux pas être ivre, n'est-ce pas, ô sage public ? Tu ne tiens pas à te battre ? Ton sang t'est précieux. Cela n'est pas fait pour couler, non, non ! Arrière ces cruelles images ! Adoucissons ! Diluons ! Du gris ! Du gris ! Du gris !

LE MAIGRE

Je vivrai, s'il le faut, parmi les aliénés et les bandits.

LE GRAS

Jamais je ne quitterai les honnêtes gens raisonnables.

LE MAIGRE

Les aliénés, d'ailleurs, me battront, et la société des bandits me fera juger infâme.

LE GRAS

Les honnêtes gens raisonnables ont des prévenances exquises pour celui qui les proclame tels.

LE MAIGRE

Mes cris hyperboliques me vaudront la réputation de déclamateur. La violence de mes images donnera l'idée que je veux tirer des pétards. L'usage que je ferai toujours du mot propre, quel qu'il soit, sera pris pour une recherche du mot sale. Ah ! les tristes et méchants imbéciles !

LE GRAS

Chacun trouvera en moi la parfaite image de soi-même. Je n'étonnerai personne. Je ne scandaliserai personne. J'exprimerai ce que tout le monde se croit capable d'exprimer. Je serai le truchement de la platitude universelle. Les médiocres se glorifieront en me glorifiant. O l'innombrable et infatigable armée de thuriféraires, encenseurs d'eux-mêmes, et ainsi de moi qui les incarne ! O le délicieux public !

LE MAIGRE

Il n'est pas impossible que j'aille en prison.

LE GRAS

Il est certain que je serai décoré de tous les ordres.

LE MAIGRE

Je resterai maigre, tel que je suis, éternellement.

LE GRAS

Je deviendrai de plus en plus gras, triomphalement.

LE MAIGRE

Aucun sort ne me semble plus enviable que le mien.

LE GRAS

Ma nature aura eu toutes les joies qu'il lui faut.

LE MAIGRE

Vous voyez bien, monsieur le chat gras, que nous ne sommes point, quoi que vous en ayez dit, confrères.

LE GRAS

En effet, je le vois, monsieur le chat maigre ; et je vous demande pardon, ne pas m'être aperçu plus tôt que j'avais affaire à un abominable matou.

LE MAIGRE

Ce qui me permettra au moins de dire en mourant, comme André Chénier, que j'avais quelque chose là.

IX

CALLIPÉDIE

SÉANCE ACADÉMIQUE PERPÉTUELLE

CALLIPÉDIE

> CALLIPÉDIE (Ka-li-pé-die), s. f. Ensemble de conseils donnés aux parents pour qu'ils procréent des enfants aussi beaux qu'il leur est possible.
> (LITTRÉ, I, page 460.)

PRŒSES

Messieurs et très vénérés collègues, si vous avez bien voulu m'élire au rare et périlleux honneur de présider en ce jour votre illustre compagnie, c'est apparemment que vous m'en jugez le plus digne ; et quand je me demande par quoi j'ai pu mériter à vos yeux une telle distinction, je suis bien forcé de m'avouer, malgré ma modestie, que sans doute vous tenez à reconnaître et à récompenser de la sorte la stricte neutralité dont j'ai toujours fait preuve dans la grande question soumise ici à vos lumières.

TOUS

Oui, oui.

PRŒSES

Qui, en effet, au milieu des débats passionnés que va soulever en cette enceinte le problème de la callipédie, qui pourrait apporter une impartialité, je ne dis pas supérieure, j'ose dire vraiment comparable, à la mienne, puisque cette impartialité a chez moi, pour fondement et pour source, non pas, comme chez la plupart d'entre vous, messieurs et très vénérés collègues, l'impuissance amenée par l'âge, ou un accident, ou quelque opération chirurgicale pratiquée vers l'adolescence, ou même simplement un ferme propos de misogynie, mais bien un radical et absolu eunuchisme de naissance ? Qui serait capable, je le répète, de vous offrir une pareille garantie ?

TOUS

Personne, personne !

PRŒSES

Je me permets donc d'espérer qu'en de telles conditions nous arriverons à la solution de l'intéressant débat qui va s'ouvrir.

TOUS

Certes, certes !

PRŒSES

Maintenant, messieurs et très vénérés collègues, procédons, si vous le voulez bien, par ordre, c'est-à-dire, avant d'entamer la discussion des diverses méthodes callipédiques, établissons un point de départ solide et fixe, ou, en d'autres termes, définissons, d'une façon catégorique et indéniable, ce qu'il faut entendre par un bel enfant.

TOUS

Très bien, très bien !

PROESES

Conformément à la liste d'inscription des orateurs, liste dressée par voie de tirage au sort, je donne d'abord la parole à l'honorable monsieur Chauve.

CHAUVE

Messieurs, ma longue expérience personnelle et celle des citoyens qui m'ont délégué le soin de représenter leur opinion, me font un devoir et en même temps un plaisir de vous proclamer que le caractère primordial d'un bel enfant consiste en l'absence de l'inutile ornement, de la parasite végétation, du bestial je ne sais quoi dont le nom antique fut : chevelure.

TOUS

Ah ! ah !... Mais non !... Si !... Assez !

PROESES

Je prie mes chers et très vénérés collègues de vouloir bien contenir leurs marques d'approbation ou d'improbation, qu'ils auront à traduire tout à l'heure par un vote, après que chaque orateur aura librement exposé à son tour sa définition du bel enfant ; et je serai forcé de rappeler à l'ordre ceux qui oublieraient le respect dû aux droits sacrés de cette tribune.

TOUS

Très bien, très bien !

PRŒSES

La parole est à l'honorable monsieur Borgne.

BORGNE

Messieurs, je ne dirai qu'un mot. Quel est l'emblème de la divinité ? Un triangle où luit un œil. L'homme est l'image de Dieu. L'enfant est le commencement de l'homme. A vous de conclure !

AVEUGLE

Je demande la parole.

PRŒSES

Tout à l'heure, à votre tour.

AVEUGLE

C'est pour un fait personnel.

PRŒSES

Alors, soit ! Vous avez la parole.

AVEUGLE

Messieurs et très vénérés collègues, vous comprenez tous, j'en suis sûr, sous le coup de quelle émotion je me trouve en venant ici protester, en mon nom et au nom de tout mon collège d'électeurs, contre l'inqualifiable théorie qui ne tend à rien moins qu'à exclure de l'humanité une classe entière de citoyens...

BORGNE

Mais non, mais non !

TOUS

En effet !... Pourquoi ?... Ah ! oh ! ah !...

AVEUGLE

Le bruit ne m'empêchera pas de dire et de soutenir...

BORGNE

Moi non plus.

TOUS

C'est une indignité !... Oui !... Non !...

AVEUGLE

Homère, messieurs, et Milton, par exemple...

BORGNE

Et Annibal, alors !

TOUS

Hein ?... Oui !... Qu'est-ce qu'il dit ?... Non !... Ah !...

PRŒSES

Messieurs et très vénérés collègues, il est tout à fait regrettable que, par suite d'un malentendu, il surgisse des incidents qui pourraient être interprétés au dehors comme le signe non équivoque...

AVEUGLE

Je le crie d'une voix tonnante et la postérité recueillera ce cri : un bel enfant ne doit pas avoir d'yeux.

BORGNE

Mais, j'en prends cette assemblée à témoin, n'est-ce pas là presque ce que j'ai avancé moi-même? Nous sommes à un œil près, voilà tout, et il me semble que...

PRŒSES

Messieurs, l'incident est clos, et après la loyale explication de l'honorable monsieur Borgne, je crois que l'honorable monsieur Aveugle doit être aux regrets d'avoir ainsi soulevé une tempête...

LOUSTIC

..... dans un verre d'eau.

TOUS

Bravo !... très bien !... Ah ! ah ! ah !... A-t-il du trait, ce Loustic !... C'est le Chamfort de l'assemblée ! On voit bien que nous sommes le peuple le plus spirituel de la terre. Ah ! ah ! ah ! eh ! eh ! eh !... Charmant ! Exquis !... Hi ! hi ! hi !

PRŒSES

Ne nous égarons pas, messieurs et très vénérés collègues, dans des chemins de traverse, si fleuris qu'ils soient de sel attique...

TOUS

Très bien, très bien !

PRŒSES

..... et revenons au grave problème qui nous occupe. La parole est à l'honorable monsieur Manchot.

MANCHOT

Messieurs, je serai bref, car l'avis que j'ai à vous donner est certainement celui de tout le monde ici. A l'exception, en effet, des êtres monstrueux nommés ambidextres, chacun, droitier ou gaucher, reconnaît implicitement que l'usage d'un seul bras est nécessaire, et c'est donc avec l'assentiment universel, conscient ou non, que je déclare bel enfant l'enfant muni d'un bras unique.

PRŒSES

La suite de la discussion appelle à la tribune l'honorable monsieur Jambe-de-bois. Mais notre éminent collègue est retenu loin de nous par un deuil de famille. Nous serons ainsi privés d'entendre son éloquente voix. Toutefois, il a bien voulu me faire savoir avant la séance, et me prier d'affirmer pour lui, qu'il se ralliait pleinement à la définition de l'honorable monsieur Manchot, avec un léger amendement, sans plus. Cet amendement se borne à remplacer, dans la définition de l'honorable préopinant, le mot bras par le mot jambe. La parole est maintenant à l'honorable monsieur Sourd.

SOURD

Je n'étonnerai personne, je pense, messieurs, en disant que l'ouïe est l'apanage exclusif du poisson, puisqu'il en a deux, et que par conséquent le bel enfant, germe de l'homme parfait, est l'enfant qui s'écarte le plus du type poisson, l'enfant qui n'a pas d'ouïe du tout.

PRŒSES

La parole est à l'honorable monsieur Muet.

MUET

Hon ! hon ! hon !

TOUS

Très bien, très bien !

MUET

Heu ! heu ! heu !

TOUS

Evidemment.

MUET

Hon ! heu !... heu ! hon !

TOUS

Oui, oui, il a raison !... Voilà parler !

PRŒSES

Je m'associe de grand cœur à l'hommage dont l'illustre compagnie vient de couronner la carrière de notre plus prestigieux orateur, de celui qui synthétise et symbolise le mieux notre vieille éloquence parlementaire, si lucide, si éclatante, si convaincante, honneur de cette tribune et de notre langue immortelle ; et je ne crois pas sortir des limites de la neutralité inhérente à la présidence, en disant que cette enceinte a rarement retenti d'accents plus magnifiques, et en avouant qu'il me paraît difficile et presque impossible de rétorquer les arguments souverains par lesquels le maître a posé l'absence de la parole comme critérium du bel enfant.

TOUS

Oui, oui !... très bien !... C'est admirable.

PROESES

Devant le foudroyant succès du dernier discours, les autres orateurs inscrits me font savoir qu'ils renoncent à la tribune, et que d'ailleurs les opinions de chacun d'eux sont suffisamment connues pour qu'il ne soit pas besoin de les défendre. Il ne me resterait donc plus qu'à procéder au vote, si une importante fraction de l'assemblée ne m'invitait à quitter la réserve que je me suis imposée et à donner mon avis, après avoir résumé la discussion. Mais, en vérité, tous les avis émis ne sont-ils pas présents à l'esprit de mes chers et très vénérés collègues ? Dès lors, à quoi bon un résumé qui risquerait de paraître favorable à celui-ci ou à celui-là ? Et, d'autre part, mon passé tout entier peut-il tromper qui que ce soit sur mon avis, prévu d'avance, à savoir que le bel enfant doit être eunuque de naissance ? N'allez pas croire, néanmoins, messieurs et très vénérés collègues, que je veuille abuser de mes fonctions présidentielles pour vous l'imposer ! Non ! Je prendrai seulement la liberté de vous dire que la sagesse me semble vous indiquer une solution satisfaisante pour tout le monde, et qui consisterait à concilier les opinions les plus diverses en une seule, les opinions exprimées ici ayant toutes ce point commun, d'établir comme critérium du bel enfant l'absence de quelque chose. Eh bien !

Chacun ne trouverait-il pas son compte dans une définition où serait nomenclaturé, non pas ce que doit avoir, mais ce que, et tout ce que, ne doit pas avoir le bel enfant.

TOUS

Oui, oui !... très bien.

PRŒSES

En d'autres termes, je vous propose d'adopter comme fond de votre définition précisément le contraire du vieux dicton : *Beau qui a tous ses membres !*

TOUS

Oui, oui !... Bravo !... C'est voté !... Parfait !... A l'unanimité !

NÉANT

C'est ce que j'appelle de la bonne besogne.

BORGNE

Oh ! vous comprenez, moi, j'y avais l'œil.

AVEUGLE

N'empêche que vous m'en avez fait voir de grises.

SOURD

Bon, bon, tout est bien qui finit bien, et j'avoue que moi, je ne suis pas comme vous, je n'y entends pas malice.

MUET

Hon ! hon ! heu ! heu !

PRŒSES
C'est le mot de la situation.

CHAUVE
Il est un peu tiré par les cheveux.

MANCHOT
Moi, j'y applaudis des deux mains.

CUL-DE-JATTE
Vite, allons colporter ça dans les journaux ! Je prends mes jambes à mon cou.

PRŒSES
Messieurs, nous avons jeté les bases de la callipédie. La séance est levée.

MATER POPULA
Moi, pas.

———

X

LE MONSTRE

SÉANCE ACADÉMIQUE POUR LE SIÈCLE
TRENTE ET QUELQUIÈME

LE MONSTRE

PERSONNAGES

LE PRÉSIDENT DE L'ACADÉMIE.
LE DOCTEUR SUBTIL.
SANUS.
MEMBRES DE L'ACADÉMIE.
UN MEMBRE GRINCHEUX.

LE PRÉSIDENT

Messieurs, l'Académie moderne des Sciences Physiopsychosociobiologiques est convoquée aujourd'hui pour assister à l'examen et se prononcer sur la nature d'un curieux phénomène, que notre célèbre membre correspondant, le docteur Subtil, a découvert dans un de ses extraordinaires voyages, et qu'il a l'honneur de présenter à votre étude. La parole est à notre éminent confrère.

SUBTIL

Messieurs, je ne me livrerai à aucune théorie préliminaire touchant le cas tératologique que je vais avoir l'honneur de vous soumettre. L'explication, me semble-t-il, ne peut en être demandée qu'aux plus anciennes alluvions sédimenteuses du plus lointain atavisme. Mais je me ferais un scrupule de vous insinuer même cela, et je préfère m'en rapporter pleinement à vos lumières impartiales, en me bornant à un interrogatoire méthodique du sujet, dont les réponses vous en apprendront plus que tous mes commentaires. Il va sans dire, messieurs, que chacun de vous est libre de lui poser des questions. Il n'y a ici, je vous prie de le croire, aucun charlatanisme.

LE PRÉSIDENT

Tout le monde, mon cher confrère, en est convaincu.

LE MEMBRE GRINCHEUX, à part.

Nous verrons bien.

SUBTIL

Messieurs, voici le sujet. Je vais d'abord, si vous le permettez, résumer les renseignements fournis à son égard par le bureau anthropométrique. Le sujet est âgé de trente ans. Sa taille est de un mètre soixante-quinze centimètres.

LE GRINCHEUX

Exactement ?

SUBTIL

A quelques millimètres près.

LE GRINCHEUX

Il fallait mesurer au vernier.

LE PRÉSIDENT

Ces détails ont vraiment peu d'importance.

LE GRINCHEUX

Tout a de l'importance. Enfin, passons !

SUBTIL

Aussi bien, messieurs, ai-je hâte de procéder à l'interrogatoire, dont la gravité, je crois, fera taire toutes les malveillances. Je commence par la nourriture. (A Sanus.) Dites à ces messieurs de quoi vous vous nourrissez.

SANUS

De pain, viande, œufs, laitage, légumes, poissons, fruits.

SUBTIL

Vous avez entendu, messieurs.

LE PRÉSIDENT

Nous avons entendu, en effet ; mais je pense être l'interprète de toute l'Académie en disant que nous avons entendu sans comprendre.

LES MEMBRES

C'est vrai, c'est vrai.

LE GRINCHEUX

Moi, j'ai compris ; mais j'estime que nous sommes dupes d'une mystification.

SUBTIL

Expliquez-vous.

LE GRINCHEUX

Je veux dire qu'il y a là simplement un emploi de vocables surannés, pour nous jeter de la poudre aux yeux. Le sujet prend-il en réalité ces aliments sous ces formes barbares, et par la bouche, ou bien désigne-t-il seulement ainsi son bol alimentaire, et ne se l'assimile-t-il pas, comme tout le monde, sous l'espèce lavementeuse et par l'unique orifice nutritoire aujourd'hui en usage et qui est l'anus ? Toute la question est là.

SUBTIL

Il mange ces choses, monsieur, par la bouche, rien que par la bouche.

LE GRINCHEUX

Allons donc ! C'est impossible.

SUBTIL, à Sanus.

Par où mangez-vous ? Par la bouche ou par l'anus ?

SANUS

Par la bouche, voyons !

SUBTIL

Messieurs, je ne le lui fais pas dire.

LE GRINCHEUX, à part.

Il y a de la gabegie, là-dessous.

SUBTIL, à Sanus.

Montrez-nous comment vous vous y prenez.

SANUS

Oh ! ce n'est pas bien malin ! (*Il mange.*)

LES MEMBRES

Etonnant ! Prodigieux !

LE GRINCHEUX, à part.

Quelque tour de passe-passe !

SUBTIL

Messieurs, il boit de même.

LES MEMBRES

Quoi ? Quoi ?

SUBTIL, à Sanus.

Dites ce que vous buvez ?

SANUS

Du vin ; de l'eau quand je n'ai pas de vin ; mais j'aime mieux le vin.

LES MEMBRES

Du vin ! De l'eau ! Que dit-il ?

LE GRINCHEUX, avec violence.

Et par la bouche aussi ? Pas au moyen d'injections hypodermiques ?

SANUS

Hypodermique vous-même ! Par où voulez-vous que je boive, idiot ?

SUBTIL

Messieurs, excusez le sujet, je vous prie. Il est irritable souvent. Vous pensez bien que de telles anomalies ne vont pas sans un trouble profond de l'état mental. Si vous voulez que l'interrogatoire puisse continuer fructueusement, permettez-moi de le mener en douceur, comme il convient avec un malade.

LE GRINCHEUX

Ah ! du moment que c'est préparé !...

SUBTIL

Rien n'est préparé, mon cher collègue, rien, je vous le jure. Interrogez-le vous-même, si cela vous offre plus de sécurité ; seulement, encore une fois, je vous en prie, avec douceur. Moi, messieurs, je ne suis arrivé à obtenir des réponses qu'en employant une mansuétude extrême, au point de permettre que le sujet me traitât d'imbécile et de fou.

LE GRINCHEUX, à part.

Il n'avait fichtre pas tort !

SANUS

Bien sûr, docteur, vous êtes un sot ou un aliéné. Et tous ces messieurs m'ont l'air de ne pas valoir mieux que vous.

SUBTIL

Vous voyez, messieurs. Mais les intérêts de la science avant tout, n'est-ce pas ? Que cela ne nous empêche pas de poursuivre nos études ! (A Sanus.) Voulez-vous nous dire, mon cher ami, comment vous entendez les fonctions génésiques ?

SANUS

Plait-il ?

SUBTIL

En d'autres termes, voulez-vous avoir l'obligeance d'expliquer à ces messieurs que vous trouvez naturel l'acte de copulation avec une personne d'un autre sexe que le vôtre ?

SANUS

Hein ? Quoi ?

LE GRINCHEUX, ironique.

Notre éminent collègue n'a pas, je suppose, la prétention de nous faire croire que son sujet pratique l'union sexuelle à la mode des bêtes ?

SUBTIL

J'ai cette prétention.

LES MEMBRES

Ah ! çà, par exemple, c'est un peu fort !

LE PRÉSIDENT

Que notre honorable collègue veuille bien m'excuser; mais j'estime traduire la pensée de l'Académie tout entière en affirmant que la chose paraît absolument indigne de foi. Notre honorable collègue sait bien que la fécondation artificielle est seule naturelle, aujourd'hui, et depuis un temps immémorial. Il sait aussi que les voluptés, dites sensuelles, sont admises, par les mœurs définitives, seulement entre individus du même sexe. Les lois de la société moderne n'en tolèrent et n'en consacrent point d'autres.

SUBTIL

Je n'ignore rien de tout cela, mon cher et illustre président...

LE GRINCHEUX

Et vous persistez à soutenir que votre sujet aberre au point de...?

SUBTIL

Sans cela, messieurs et éminents collègues, aurais-je eu l'audace de vous déranger en vous promettant l'étude d'un cas tout à fait exceptionnel? Non, non; si j'ai cru devoir appeler votre attention sur ce phénomène, c'est qu'il est vraiment phénomène et absolument anormal.

LE GRINCHEUX

Et il met en pratique cette extraordinaire théorie du bisexualisme?

SUBTIL

Il l'affirme.

LE GRINCHEUX

Voulez-vous lui demander de quelle façon il peut bien s'y prendre?

SUBTIL, à Sanus.

Vous entendez ? Répondez, je vous prie.

SANUS

Tas de gâteux !

SUBTIL

Ne vous emportez pas, mon ami ! Là, là, calmez-vous, et ayez la bonté de nous répondre. Nous sommes ici des hommes de science. Nous cherchons la vérité. Nous voulons nous instruire. Nous travaillons pour le progrès. En quoi cela vous gênera-t-il, de nous donner quelques explications...

SANUS

Sur quoi ? Sur la manière de faire l'amour ?

SUBTIL

Sur la vôtre, oui, mon ami, sur la vôtre, qui nous semble étrange.

SANUS

Comment, étrange ! Mais c'est la seule na' relle, celle de tous les animaux !

SUBTIL

Vous le voyez, messieurs, je ne le lui fais pas dire.

LES MEMBRES

Oh ! Oh ! miraculeux ! Effarant ! Stupéfiant !

LE GRINCHEUX

Une dernière question ! Est-ce que, par hasard, le sujet ne ferait pas des vers ?

LES MEMBRES

Eh ! Que dit-il ? Des vers ? Qu'est-ce que c'est ?

SUBTIL

En effet, messieurs, le sujet fait des vers.

LE GRINCHEUX

Et, avec quoi, s'il vous plaît, fait-il des vers ?

SUBTIL, à Sanus.

Oui, avec quoi, mon ami, faites-vous des vers ?

SANUS

Mais, avec des idées, des sentiments, des sensations, des mots, des images, des rimes, et du génie.

LES MEMBRES

Ah ! ah ! ah ! C'est trop drôle ! Ah ! ah ! ah ! ah ! Des images ! Des mots ! Des rimes ! Du génie ! Ah ! ah ! ah !

LE PRÉSIDENT

Messieurs, cette hilarité générale et légitime me semble résoudre la question. Notre éminent confrère a bien voulu nous consulter sur la nature du sujet qu'il nous présente. Je crois être le truchement de l'Académie tout entière en disant que notre religion est maintenant dûment éclairée. Il ne peut y avoir sur le sujet qu'une seule opinion, et elle est unanime, je pense. Ce singulier produit de l'atavisme est...

LE GRINCHEUX

Je demande la priorité de la constatation et qu'on m'accorde l'honneur d'avoir découvert que c'est un...

LES MEMBRES

Un monstre ! Un monstre ! C'est un monstre.

SUBTIL

Messieurs, je ne vous le fais pas dire.

XI

LE JOUR DES MORTS

SECOND INTERMÈDE PHILOSOPHIQUE

LE JOUR DES MORTS

PERSONNAGES

CHACUN.
L'ALMANACH.
SPECTRES.
UNE VOIX.

CHACUN, s'éveillant

Quel sale temps !

LA VOIX

Dame ! c'est le temps de la saison.

CHACUN

Sale saison !

LA VOIX

Fin d'automne, bientôt.

CHACUN

Fin d'automne, déjà ! C'est épatant.

LA VOIX

Regarde l'almanach.

CHACUN

Il m'embête, l'almanach. Je le vois bien, d'ailleurs, sans le regarder. Il est là, pendu au mur. Sale almanach !

L'ALMANACH

Ce n'est pas de ma faute.

CHACUN

Non ; mais quel ciel noir ! On se croirait dans le derrière d'un nègre.

L'ALMANACH

Novembre !

CHACUN

Et d'un nègre en deuil...

L'ALMANACH

Deux novembre !

CHACUN

Zut, toi ! Tu me rases.

LA VOIX

Ferme les yeux et redors.

CHACUN

Ça y est ; mes yeux sont fermés ; je ne vois plus ce nom de Dieu de sale almanach. Mais je ne peux pas redormir.

L'ALMANACH

Deux novembre !

CHACUN

Assez, bassin ! assez !

LA VOIX

Bouche tes oreilles et redors.

CHACUN

Ça y est ; mes oreilles sont bouchées ; je n'entends plus ce sacré bougre de sale bavard. Mais je ne peux pas redormir.

LA VOIX

Pourquoi ?

CHACUN

Malgré mes yeux fermés, je vois des gens ; et malgré mes oreilles bouchées, j'entends des choses.

LA VOIX

Où ça ?

CHACUN

Je ne sais pas. On dirait que c'est en moi-même.

LA VOIX

Eh bien ! regarde ces gens et écoute ces voix, puisque tu ne peux pas faire autrement, et tâche de comprendre ce qu'on te veut.

CHACUN

C'est une idée !... Eh ! gens !

LES SPECTRES

Quoi ?

CHACUN

Qu'est-ce que vous me voulez ?

LES SPECTRES

Rien.

CHACUN

Qu'est-ce que vous faites là ?

LES SPECTRES

Rien.

CHACUN

Qu'est-ce que vous êtes ?

LES SPECTRES

Rien.

CHACUN

Blagueurs ! Avec ça que je ne devine pas ce que vous êtes !

LES SPECTRES

Quoi donc ?

CHACUN

Des spectres, parbleu !

LES SPECTRES

Eh bien ! des spectres, qu'est-ce, sinon rien ?

CHACUN

Soit ; rien ; mais l'image de quelque chose ou de quelqu'un.

LES SPECTRES

Eh ! eh ! tu n'es pas trop sot.

LE JOUR DES MORTS

CHACUN

Merci bien !

LES SPECTRES

N'y a pas de quoi.

CHACUN

Donc, vous n'êtes rien, voilà qui est entendu ; mais vous représentez quelqu'un qui a été quelque chose.

LES SPECTRES

Tu l'as dit, bouffi !

CHACUN

Et qu'a-t-il été, ce quelqu'un ?

LES SPECTRES

Oh ! rien.

CHACUN

Rien, ce n'est pas possible !

LES SPECTRES

Enfin, peu de chose, bien peu !

CHACUN

Et qui fut-ce donc, ce quelqu'un si vague ?

LES SPECTRES

Toi-même.

CHACUN

Plait-il ? Vous dites ?

LES SPECTRES

Nous disons que ce quelqu'un, si vague, si peu de chose, presque rien, ce fut toi-même.

CHACUN

Hein? Quoi? J'ai mal entendu, sans doute. Répétez!

LES SPECTRES

Toi, toi, toi!

CHACUN

Fumistes!

LES SPECTRES

Imbécile!

CHACUN

Mais enfin.....

LES SPECTRES

Interroge-nous l'un après l'autre, et tu verras.

CHACUN

Soit! Eh bien! toi, par exemple, spectre d'enfant rose et blondin, aux yeux d'un bleu trouble, aux gestes de limbes, à la démarche d'angelot ivre du lait des nuages et titubant parmi des glèbes d'azur, es-tu donc le spectre de moi

LE SPECTRE

Oui, de ce moi que tu as été et dont tu ne te souviens plus.

CHACUN

C'est vrai, je ne m'en souviens plus, oh! plus du tout.

LE SPECTRE

Pourquoi t'en souviendrais-tu, puisqu'il est mort?

CHACUN

En effet!... Et toi, l'autre spectre, là-bas, spectre de mâle amoureux, jaloux, en rut, en lutte, les sourcils froncés, les regards flamboyants, tous les nerfs tendus et bandés à rompre, es-tu vraiment l'effigie d'un moi que je fus?

LE SPECTRE

Vraiment oui.

CHACUN

Mais, il me semble que tu as comme des doubles derrière toi. En voici plusieurs! En voici toute une bande! Comme il y en a! Qu'est-ce que cela signifie?

LA BANDE

Nous nous ressemblons un peu, sans doute; et il ne faut pas t'en étonner. N'as-tu pas aimé plusieurs fois? Beaucoup de fois?

CHACUN

Bien sûr. Je m'en flatte même. On n'est pas de bois!

LA BANDE

Eh bien! Autant de fois tu as aimé, autant de fois un moi a vécu en toi, un moi qui n'est plus, à jamais plus.

CHACUN

Il est certain que, tous, vous me paraissez abolis et d'un (si j'ose m'exprimer de la sorte) irrémédiable *à-jamais-plus*. Oui, tous, tous, en somme! Du diantre si j'en reconnais un seul, de ces anciens *je!*

LES SPECTRES

Pourquoi en reconnaîtrais-tu un seul, puisqu'ils sont morts?

CHACUN

En effet !

LES SPECTRES

Et de même pour cette innombrable armée que nous sommes. Du premier au dernier, tous nous avons été ce quelqu'un si vague, si peu de chose, presque rien alors, qui fut un moment ton moi, et qui, désormais, n'est plus rien de rien de rien du tout.

CHACUN

C'est pourtant vrai.

LES SPECTRES

Mais le plus nouveau-né d'entre nous, celui-là même, tu n'y retrouverais pas ton moi.

CHACUN

Allons donc !

LES SPECTRES

Essaie plutôt. Tiens, celui-ci, qui vient à peine de prendre forme, et qui semble encore attaché à toi par une sorte de cordon ombilical, sais-tu qui c'est ?

CHACUN

Non ! Mais il n'a pas l'air d'être moi. N'est-ce pas, spectre, que tu n'es pas moi ?

LE SPECTRE

Si fait.

CHACUN

Un moi de quand ?

LE SPECTRE

D'hier au soir, juste à la minute où tu t'endormis.

CHACUN

Comment ! J'étais ce moi-là ?

LE SPECTRE

Tu l'es presque, encore en cet instant. Il s'en faut de bien peu ! Le temps d'un somme inconscient, pas davantage.

CHACUN

Et pourtant, ce moi, presque moi encore, tout frais éclos, séparé par un somme seulement du moi présent que je suis, il me semble un étranger déjà !

LE SPECTRE

Pourquoi ne te semblerait-il pas un étranger, puisqu'il est mort ?

CHACUN

En effet !

TOUS LES SPECTRES

Alors, tous, tous, tu nous as profondément oubliés ?

CHACUN

Dame ! puisque vous êtes morts.

LES SPECTRES

Quel mufle !

CHACUN

Ah ! çà, mais, pardon ! Qu'est-ce qui vous prend, de vouloir que je me souvienne de vous ?

LA VOIX

Regarde l'almanach !

CHACUN

Eh bien ! Quoi ? L'almanach ! Après ?

L'ALMANACH

Deux novembre !

CHACUN

Oui, j'entends ; deux novembre ! Le jour des morts, n'est-ce pas ?

LES SPECTRES

Dame !

CHACUN

Mais, bon Dieu de bois ! Puisque mon moi est un cimetière de tous ceux que je fus et qui sont abolis, ne comprenez-vous pas que votre fameux deux Novembre m'est une date quotidienne, hélas ! et que, pour tout homme un tant soit peu réfléchissant, il n'y a pas un seul jour de la vie qui ne puisse et ne doive être proprement le jour des morts ?

LES SPECTRES

C'est ce que nous voulions te faire avouer.

XII

LE REMÈDE

SAYNÈTE ROMANTIQUE

LE REMÈDE

PERSONNAGES

FLORISEL, prince de Syracuse.
AGRIPPA, mire et alchimiste.
UN SPADASSIN.
UN LÉPREUX.

(La scène se passe à une époque et dans un décor romantiques.)

FLORISEL

Alors, savant et inutile docteur, à quoi rime toute ta raison, si tu ne peux seulement pas trouver celle de mes maux et m'en indiquer le remède?

AGRIPPA

Plaise à Votre Altesse de me rendre cette justice, Monseigneur, que je lui ai fait connaître tous les remèdes connus et que j'en ai même inventé pour elle quelques-uns qui étaient absolument inconnus jusqu'à moi. Il ne faut donc incriminer ici ni la science, ni le savant.

FLORISEL

Qu'est-ce à dire, maître sot? Oserais-tu prétendre que le seul et vrai coupable, en toute cette affaire, c'est le malade?

AGRIPPA

Avec la permission de Votre Altesse, et en demandant humblement pardon de la liberté grande, j'aurai l'audace de l'insinuer, Monseigneur, et j'irai même jusqu'à laisser entendre que, si je ne trouve pas de raison aux maux de Votre Altesse, c'est peut-être, en toute sincérité, à cause qu'il n'y en a point.

FLORISEL

Voilà une opinion que j'ai bien envie de rétorquer avec la hache de mon bourreau! Qu'en pense ta Grâce, irrévérencieux docteur?

AGRIPPA

Je pense, Monseigneur, que cet argument-là réduirait sans aucun doute tous les miens à néant; car le plus sûr des syllogismes, le plus direct, le plus irréfutable, est encore de couper la tête à son contradicteur. Toutefois, Votre Altesse voudra bien m'autoriser à lui dire que, si le bourreau peut de la sorte passer pour le meilleur philosophe, il se trouve par la même occasion être le plus infaillible médecin contre le genre de maladie duquel précisément nous nous occupons, *id est* le *tœdium vitæ*.

FLORISEL

Ce qui signifie, autant que je puis comprendre ton

latin : « Monseigneur, puisque vous vous ennuyez de vivre, le remède est de mourir. »

AGRIPPA

J'admire comme Votre Altesse formule éloquemment et élégamment.

FLORISEL

En d'autres termes (et pour m'exprimer en latin, moi aussi), tu m'envoies *ad patres*. Oh! ne fais pas ce signe de dénégation! J'entends ce que parler veut dire. Et, cette fois, loin de t'en vouloir, je te remercie et je te félicite ; car tu as touché le fond même de ma pensée, tu vas au-devant de mes désirs, tu me combles de joie! Je veux mourir, en effet, et j'espère que tu m'y aideras de ton mieux.

AGRIPPA

Votre Altesse peut-elle en douter? Je suis médecin.

FLORISEL

Trêve aux plaisanteries faciles, je te prie! Il s'agit de choses sérieuses. Quel genre de mort me conseilles-tu, toi qui t'y connais?

AGRIPPA

Du moment qu'on fait appel et qu'on rend hommage à mon expérience, je redeviens grave comme il sied. Donc, Monseigneur, étant donné le cas spécial de Votre Altesse, j'estime que la mort indiquée, imposée presque, logique et *secundum artem*, est la mort lente.

FLORISEL

Explique-toi, car je ne vois pas très bien d'où tu tires cette conclusion.

AGRIPPA

De ceci, Monseigneur, que, la mort étant pour Votre Altesse comme la coupe des suprêmes délices, il ne la faut pas vider d'un trait, en glouton, mais il sera doux de la savourer en gourmet, à petites gorgées.

FLORISEL

Vraiment, tu ratiocines bien, et j'ai regret de t'avoir tout à l'heure appelé maître sot. Je mourrai donc très lentement, c'est convenu. Mais encore, de quoi vais-je mourir ? Tu n'imagines pas, en effet, que je veuille d'une mort où je souffrirais si peu que ce fût.

AGRIPPA

J'entends. Une telle mort fait trop songer aux moments de la vie où l'on ne souffrirait pas, et elle induirait par conséquent Votre Altesse à regretter la vie.

FLORISEL

Cela non plus n'est pas mal raisonné. Mais alors à quelle mort arrêtes-tu ton choix pour moi, définitivement ?

AGRIPPA

Votre Altesse va le savoir. (Il va vers la porte du fond, et appelle d'une voix forte.) Holà ! (Entre le spadassin.)

FLORISEL

Quel est cet homme, et qu'est-ce que cela veut dire ?

AGRIPPA

Cela veut dire, Monseigneur, qu'en venant ici ce

matin, j'avais prévu tout ce qui arriverait, absolument tout, jusqu'à la conversation que nous avons tenue et dont j'ai conduit les méandres savants au point où nous en sommes. Cela veut dire que j'avais pris d'avance toutes mes précautions pour me montrer le grand et sûr médecin que je suis, digne de la haute confiance dont Votre Altesse a toujours daigné m'honorer. Cela veut dire qu'après avoir essayé vainement contre votre maladie tous les remèdes connus et inconnus, j'ai résolu de n'en pas avoir le démenti quand même, et de guérir Votre Altesse une bonne fois et radicalement. Et comme la maladie en question est, sans aucun doute possible, le *tœdium vitæ*, dont l'antidote s'appelle la mort, cela veut dire que vous allez mourir, Monseigneur.

FLORISEL

A l'aide ! A moi ! On assassine le prince !

AGRIPPA

Inutile d'appeler ! J'ai fait boire à votre garde et à tous vos serviteurs un breuvage soporifique. Le palais est le temple du sommeil !

FLORISEL

Misérable ! Ah ! cet homme a des yeux de bête féroce ! Je suis perdu.

AGRIPPA

Pourquoi Votre Altesse dit-elle : « Perdu ! » Sauvé, oui, à la bonne heure ! Car il ne faut pas me prendre pour un assassin vulgaire, Monseigneur, ni croire que cet homme soit un coupe-jarrets. Encore un coup, je soigne Votre Altesse, je lui administre un remède, et cet honnête spadassin est mon aide, voilà tout, quelque chose comme l'apothicaire exécutant l'ordonnance du médecin.

FLORISEL

Infâme ! As-tu l'affreux courage de me railler ainsi !

AGRIPPA

Je ne raille point, Monseigneur. Que Votre Altesse daigne reprendre un peu de sang-froid, et qu'elle considère une chose : c'est que l'homme porte dans ses mains deux épées.

FLORISEL

Pourquoi faire, sinon pour m'égorger plus sûrement !

AGRIPPA

Pas le moins du monde, Monseigneur. Si l'homme a deux épées, c'est pour pouvoir en remettre une à Votre Altesse et pour que Votre Altesse se défende.

FLORISEL

Donne ! Donne ! (Il saisit une des épées.) Ah ! je me défendrai, en effet. Je ne me laisserai certes pas tuer comme un chien. En garde, toi, en garde ! Tiens ! (Il pousse une botte au spadassin.)

AGRIPPA

Que Votre Altesse ne s'échauffe pas outre mesure ! Je lui répète humblement que toutes mes précautions sont prises. L'homme connaît son métier à fond. Votre Altesse ne le touchera pas. Et lui, à chaque riposte, à chaque attaque, son fer viendra sûrement menacer la poitrine de Votre Altesse. Oh! sans piquer si peu que rien, à fleur de peau, sans causer la moindre souffrance, mais de façon à donner à chaque fois la sensation, l'angoisse, de la blessure toute proche et définitive. C'est la mort telle que la désirait Monseigneur, avec les voluptés de la petite mort, la mort dosée. Que Votre Altesse daigne essayer, pour voir si je suis un charlatan!

FLORISEL

Non, non, je ne veux pas. Je te crois.

AGRIPPA

Une passe seulement, rien qu'une! C'est un traitement, Monseigneur. Il faut obéir à son médecin. Pousse, l'homme!

(Le spadassin fait trois ou quatre coups marqués par des accrocs sur le pourpoint du prince.)

FLORISEL

Grâce! grâce! Il va me tuer, c'est sûr. Si je faisais un faux-pas, et si je m'enferrais, par hasard!

AGRIPPA

Monseigneur a besoin d'être émoustillé, je pense. Vas-y, l'homme, pique un peu, fais voir si le sang de Son Altesse est d'une belle couleur. (Le spadassin pique le prince.)

FLORISEL

Aïe! aïe! Il m'a touché. Je suis mort. (Il lâche son épée.)

AGRIPPA

Eh bien! oui, Monseigneur, à présent je confesse

mon crime, oui, vous êtes mort. La pointe de l'épée était trempée dans un poison qui tue en deux heures. Préparez-vous à quitter la vie.

FLORISEL

Je ne veux pas. Je ne veux pas. Un poison, dis-tu ! Un horrible poison qui fait souffrir, n'est-ce pas ?

AGRIPPA

Non ; un poison qui rend la mort suave et délicieuse.

FLORISEL

Ah ! qu'importe ! Ce que je ne veux pas, c'est mourir.

AGRIPPA

Que donneriez-vous donc, Monseigneur, pour vivre ?

FLORISEL

Tout, oh ! tout ! Mes biens, mes Etats ! Tu peux me faire vivre ? Tu le peux, j'en suis sûr. Je vois dans tes yeux que tu le peux. Tu as le contre-poison, dis ; tu vas me le faire boire. Où est-il ? Vite, vite. Le temps passe. Pourquoi tardes-tu ? Que veux-tu pour prix de ma vie ? Je te le répète, je t'offre tout.

AGRIPPA

Signez donc ce décret d'abdication, par lequel vous me nommez votre successeur, et vous renoncez à tous vos biens jusqu'au dernier.

FLORISEL

Donne, donne, que je signe !

AGRIPPA

Et vous partirez en exil, c'est stipulé aussi sur le décret.

FLORISEL

Oui, oui, je partirai en exil. Donne, que je signe !

AGRIPPA

Et vous serez un gueux ; il ne vous restera pas même un liard.

FLORISEL

Oh ! rien rien ! Je ne veux rien que vivre. Donne, que je signe !

AGRIPPA

Signez donc, Monseigneur ! Ici, je vous prie. Et ici encore. De nouveau en bas de cette page. Que ce soit bien en règle !

FLORISEL

Quelle torture, de me faire tant languir ! Es-tu bien certain que je vivrai ? Il me semble que déjà je sens le poison. Dépêche-toi de m'administrer ce qu'il faut... Où vas-tu ? Pourquoi ouvres-tu cette porte ? Tu ne t'enfuis pas, au moins. Quel est cet autre homme que tu appelles ?

AGRIPPA

C'est un lépreux. Entre, lépreux ! Accroupis-toi, et fais tes excréments ici, sur ce tapis d'Orient.

(Le lépreux obéit.)

FLORISEL

Ce monstre est hideux, et la puanteur est épouvantable.

AGRIPPA

Le monstre, c'est toi ; et ce qui pue, c'est ton cœur. Car, écoute bien, prince Florisel : pour que le poison soit sans effet sur toi, pour que tu vives, il faut que tu manges de ces excréments ; et tu en mangeras, j'en suis sûr.

FLORISEL

Quoi ? Que dis-tu ? C'est la vérité, ce que tu viens de dire ? Tu le jures, que pour me guérir...

AGRIPPA

Sur mon salut éternel, je le jure.

FLORISEL

Ah ! merci, merci !

(Il se jette à plat ventre et il en mange.)

XIII

LE BON FOU

DRAME ROMANTIQUE

LE BON FOU

PERSONNAGES

STELLA, fille du roi.
GIBBONE, fou de cour.
ZDAGNA, sorcière.
LE ROI.
L'ÉVÊQUE.

SCÈNE PREMIÈRE

STELLA

En vérité, mon pauvre Gibbone, ce n'est pas le fou de cour qu'on devrait t'appeler, mais bien le sage. Tu viens de me faire là un sermon en quatre points à rendre jaloux notre vieil évêque.

GIBBONE

Et un sermon aussi inutile que les siens, à ce que je vois.

STELLA

Absolument.

GIBBONE

Ainsi, rien au monde ne pourra désormais changer votre résolution, et vous entrerez demain dans ce couvent, et vous direz adieu à la vie !

STELLA

Pour toujours.

GIBBONE

Sans en avoir un peu goûté, de cette vie que vous déclarez odieuse ?

STELLA

Elle m'est odieuse justement parce que j'y peux goûter à tout.

GIBBONE

Êtes-vous bien sûre de cela ?

STELLA

Tout à fait sûre. Que puis-je désirer, parmi les joies humaines, dont la possession me soit interdite ?

GIBBONE

C'est vrai. Vous êtes jeune, belle, riche, toute-puissante, fille unique et adorée d'un prince dont la volonté universellement obéie n'obéit qu'à la vôtre.

STELLA

Tu vois bien !

GIBBONE

Vous êtes, en effet, la plus malheureuse des femmes.

STELLA

Dis-tu cela par raillerie ?

GIBBONE

Je dis cela du fond du cœur, Altesse, et d'un cœur déchiré, d'un cœur sanglotant. Regardez plutôt les grosses larmes qui coulent sur mes joues !

STELLA

Oui, tu pleures, mon pauvre Gibbone, tu pleures sincèrement. Comme c'est bien, de pleurer ainsi sur mon sort ! Ah ! il n'y a que toi qui saches m'aimer !

GIBBONE

Je le crois.

STELLA

Car toi seul me comprends.

GIBBONE

Je l'espère.

STELLA

Et cependant, toi-même, tu ne peux me guérir du mal affreux qui me tourmente.

GIBBONE

J'y tâcherai.
(Il se sauve en courant.)

SCÈNE II

Chez Zdagna.

GIBBONE

Et tu me jures, sorcière, que ton philtre produit bien tous les effets que tu viens de me dire ? La personne qui l'aura bu me verra tel que je veux paraître et non tel que je suis?

ZDAGNA

Oui, c'est cela.

GIBBONE

Et elle fera exactement ce que je lui commanderai?

ZDAGNA

Exactement.

GIBBONE

Qui me répond de ta véracité?

ZDAGNA

Toi-même.

GIBBONE

Moi-même! Je ne te comprends pas.

ZDAGNA

Goûte ce breuvage, et tu verras si je mens.

GIBBONE

Donne. (Il boit.) Ah! Zdagna, que tu es jolie! Combien je t'aime!

ZDAGNA

Prends-moi donc!

(Gibbone lui obéit et l'accole.)

GIBBONE

Oh! délices! délices!

ZDAGNA

Maintenant, le charme est fini. Car il dure une heure seulement. Réveille-toi!

GIBBONE

Horreur ! C'est toi que je viens de... toi, toi, vieille !

ZDAGNA

Moi-même. Grâce au philtre, tu m'as vue telle que je voulais te paraître et tu as fait ce que je t'ai commandé. Crois-tu à mon philtre, à présent ?

GIBBONE

J'y crois. Donne.

ZDAGNA

Mais, un instant ! Quel prix m'offres-tu ? Je suis une pauvre vieille et j'ai besoin de beaucoup d'argent. Tu n'ignores pas que la vie est dure.

GIBBONE

Si la vie te semble dure, la mort te sera certainement douce. Voici donc le prix de ton philtre, vieille !

(Il la tue et vole le philtre.)

SCÈNE III

Dans la chambre à coucher de Stella.

GIBBONE

J'ai trouvé, en effet, Altesse, j'ai trouvé ; et je pense que mon idée vous amusera.

STELLA

Va, je t'écoute.

GIBBONE

Que diriez-vous d'un prince Charmant, beau comme le jour, fils d'une fée, qui vous adorerait, que vous adoreriez vous-même, qui serait enfin le rêve de vos rêves ?

STELLA

J'en dirais ce que tu viens d'en dire, précisément : que c'est un rêve.

GIBBONE

Et s'il existait en réalité ?

STELLA

Mais il n'existe point.

GIBBONE

Et s'il vous donnait la preuve palpable de son existence ?

STELLA

Mais comment me la donnerait-il ?

GIBBONE

Vous verrez.

STELLA

omment ! Je verrai ?

GIBBONE

Oui, Altesse. Buvez seulement une gorgée de ce breuvage.

STELLA

Quelle est cette plaisanterie ?

GIBBONE

Auriez-vous peur ?

STELLA

Peur de quoi ? De qui ? De toi, mon brave fou, mon cher Gibbone ? Non, je n'ai pas peur. Donne, que je boive !... Mais, pourquoi éteins-tu la lumière ?

GIBBONE

C'est nécessaire à mon histoire. Laissez-moi faire. Buvez !

STELLA

Voilà. J'ai bu. Et ensuite ?... Gibbone, Gibbone, où es-tu ? D'où vient que tu ne me réponds pas ? Seule ! Je suis seule dans les ténèbres. Que signifie ? Gibbone, voyons, parle-moi. Ta plaisanterie ne m'amuse pas du tout. Où es-tu ?

(La lumière brille de nouveau.)

GIBBONE

Gibbone est parti en m'ouvrant la porte, ô ma chère Stella. Je suis le Prince Charmant qu'il t'avait annoncé. Je suis le rêve de tes rêves. Reconnais-moi. Je t'aime.

STELLA

Oui, oui, je te reconnais. O joie ! Et je t'aime aussi. Comme je t'aime ! Ne t'en va pas. Ne t'évanouis pas ainsi qu'un rêve. Tu n'es pas un rêve, dis ! C'est toi, c'est bien toi, vivant, réel. O mon adoré !

GIBBONE

O ma maîtresse !

STELLA

Ta maîtresse, c'est cela, ta maîtresse ! Viens, viens ! Je veux être à toi.

(Ils s'enlacent.)

SCÈNE IV

Au matin.

STELLA

Ah ! mon père, mon père, pourquoi l'a-t-on laissé partir ? Pourquoi n'a-t-on pas tenu closes toutes les portes du palais ?

LE ROI

Personne n'est sorti du palais cette nuit, ma fille, je te le répète.

STELLA

Alors, qu'on le trouve et qu'on me le ramène ! Il me le faut. Je le veux.

LE ROI

Encore une fois, ma chère enfant, permets-moi de te dire que tu fus le jouet d'un rêve.

STELLA

Non, non. Il était là, vous dis-je, là, vivant, dans mes bras. J'ai été sa maîtresse, sa maîtresse, entendez-vous.

LE ROI

Tu as le délire.

STELLA

Regardez plutôt dans ce lit, mon père, dans ce lit d'amour où ma virginité a effeuillé sa rose.

LE ROI

Grand Dieu ! C'est vrai.

STELLA

Ah ! je l'aime, je l'aime.

LE ROI

Quoi ! tu aimes le misérable qui t'a violée ?

STELLA

Il ne m'a pas violée. Je me suis donnée à lui. Où est-il, que je me donne encore ?

LE ROI

Hélas ! Elle est folle.

STELLA

Non, je ne suis pas folle. Et, tenez, la preuve, c'est que... Gibbone, où est Gibbone ? Il doit bien savoir, lui, ce que le Prince est devenu, puisque c'est lui qui me l'a amené, puisque c'est lui qui m'a fait prendre ce breuvage...

LE ROI

Ah ! l'infâme ! Je comprends tout. Un breuvage, dis-tu ! Quelque narcotique, sans doute ! Ce monstre t'a endormie et abusant de ton sommeil...

STELLA

Mais quand je vous dis que j'ai vu le Prince en personne, vivant, réel. Et si beau ! Et si amoureux ! Je le veux, je le veux. Qu'on le cherche ! Qu'on cherche Gibbone ! Je vous en prie, mon père, mon bon père.

LE ROI

Oui, oui, sois tranquille, on va le chercher, le trouver, ce bandit. Holà ! holà ! Qu'on fouille tout le palais !

(Il sort en criant.)

SCÈNE V

Dans la salle du Trône.

GIBBONE, prisonnier.

Sire, voici la vérité tout entière. Le Prince Charmant est entré, en effet, dans la chambre de votre fille. C'est moi qui l'y ai conduit. Le breuvage était bien un narcotique destiné à produire le sommeil pendant lequel le Prince, après avoir été l'amant de votre fille, a pu s'enfuir.

STELLA

Pourquoi s'enfuir ?

GIBBONE

Pour que vous l'aimiez à jamais, Altesse.

STELLA

Et il ne reviendra plus ?

GIBBONE

Si, peut-être il reviendra.

STELLA

Peut-être, dis-tu ?

GIBBONE

Oui, quand vous l'aurez longtemps attendu et fidèlement espéré.

STELLA

Ah! je l'espérerai toujours.

GIBBONE, à part.

C'est ce que je voulais.

LE ROI

Drôle, je vois sur ta face l'immonde joie qui remplit ton cœur. Tu comptes, grâce à cette histoire absurde, cacher ton crime. O scélérat! La vérité, moi, je vais te la dire. Tu as lâchement abusé de ma fille.

STELLA

O mon père, que dites-vous là ?

LE ROI

Je dis ce qu'il confessera lui-même, tout à l'heure, dans les tortures. A la besogne, tourmenteurs !

STELLA

Grâce, mon père ! Je vous certifie, moi, qu'il n'est pas coupable. Le Prince Charmant n'est pas une histoire absurde. J'ai moi-même...

LE ROI

Silence, ma fille ! Pour une fois, ma volonté ne cédera pas à la tienne. Commencez, bourreaux !

GIBBONE, à part.

Ah ! triste père, comme il aime mal sa fille ! Il ne comprend pas que, si j'avouais la vérité, elle en mourrait, tandis que de mon mensonge elle vivra, et toujours heureuse.

(On lui arrache les ongles et on lui serre les brodequins.)

LE ROI

Confesse ton crime.

GIBBONE

Je suis innocent.

STELLA

Pitié ! Pitié ! Ce pauvre homme...

(La torture redouble.)

LE ROI

Confesse ton crime.

GIBBONE

Je suis innocent.

STELLA

Il reviendra, n'est-ce pas, le Prince Charmant, il reviendra, mon cher Gibbone ?

GIBBONE

Oui, Altesse, le Prince Charmant reviendra. Espérez-le fidèlement.

STELLA

Ma vie sera tout illuminée de cet espoir.

GIBBONE, à part.

Il parfume joyeusement ma mort.

(La torture est au paroxysme.)

LE ROI

Monstre, voici dans tes yeux vagues monter les ténèbres. Avant de quitter la vie, confesse ton crime.

GIBBONE

Je suis innocent.

L'ÉVÊQUE

Crois-tu à la sainte religion catholique?

GIBBONE

J'y crois.

L'ÉVÊQUE

Alors songe à ton salut et que tu seras damné si tu mens.

GIBBONE

Que je sois donc damné si j'ai menti.

(Il entre en agonie.)

STELLA

Mon pauvre fou! mon pauvre fou! Lui qui m'aimait tant!

GIBBONE

Certes!

(Il meurt.)

XIV

INTERVIEWS

PARADE MODERNE

INTERVIEWS

PERSONNAGES

ZUT, interviewer.
CHERS MAITRES divers.
INCONNUS non moins divers.
CAMELOTS.
LE PUBLIC.

SCÈNE PREMIÈRE

ZUT

Cher maitre, je viens encore vous interviewer.

CHOSE

A vos ordres, mon cher confrère. Et sur quoi, je vous prie, ce matin ?

ZUT

Sur une grave question qni passionne le public au plus haut point.

LE PUBLIC, à la cantonade.

Ce n'est pas vrai. Il ment ! Il ment ! Ne l'écoutez pas ! Arrêtez-le. Ce n'est pas vrai.

ZUT, à part.

Je m'en fiche un peu, de toi et de tes cris. Avant tout, des lignes, je ne connais que ça.

LE PUBLIC, à la cantonade.

Mais c'est moi qui les lis, hélas ! hélas !

ZUT

N'entendez-vous pas, cher maître, la rumeur publique, qui réclame vos lumières sur cet obscur problème ?

CHOSE

Je l'entends, certes. Aussi, croyez-le bien, mon cher confrère, je suis tout disposé, tout prêt à... Mais quelle est donc cette passionnante question, je vous prie ?

ZUT

Voici, cher maître. Il s'agit de savoir si les soies de cochon noir sont préférables aux soies de cochon blanc dans la fabrication des cils artificiels pour mastodontes de Muséum, et, le choix étant fait, s'il vaut mieux les piquer dans la cire par le gros bout ou par le petit.

CHOSE

Ah ! ah ! c'est délicat et compliqué, en effet. Et je comprends que le public...

ZUT

Le public attend dans l'angoisse votre décision, cher maître. Que lui dirai-je ?

CHOSE

Dame ! Cela dépend un peu. Qu'en pense cet idiot de Machin ?

ZUT

Je n'en sais rien encore. C'est vous, cher maître, que j'ai voulu interroger le premier.

CHOSE

Eh bien ! moi, c'est simple, allez. Je suis de l'avis diamétralement opposé au sien, quoi qu'il pense. Voilà !

ZUT

Parfaitement. Cela est clair.

CHOSE

Et dites bien, n'est-ce pas, qu'il n'y a là ni rancune personnelle, ni mesquine rivalité de boutique. Un homme comme moi est au-dessus de pareils soupçons, j'imagine ! Non, si je prends position ainsi, et carrément, contre Machin, c'est par conviction, et parce que l'avenir de la littérature, je veux dire de la fabrication des cils artificiels pour mastodontes de Muséum... Enfin, suffit ! Vous m'avez compris, hein ? Et je compte sur vous pour ne pas tronquer devant le public ma loyale déclaration.

ZUT

Ne craignez rien, cher maître ; je suis un phonographe.

SCÈNE II

MACHIN

Ah ! c'est vous, mon petit Zut ! Je parie que vous venez m'interviewer.

ZUT

Hélas ! oui, cher maître. La gloire a ses corvées et le public...

LE PUBLIC, à la cantonade.

Blagueur ! Blagueur !

ZUT

Tenez ! l'entendez-vous ? Il veut savoir, il a soif de savoir...

MACHIN

Ce que je pense, n'est-ce pas, du choix à faire entre les soies de cochon noir et les soies de cochon blanc dans la fabrication des cils artificiels pour mastodontes de Muséum...

ZUT

... et aussi et surtout quel est votre précieux avis sur la question non moins importante de décider s'il vaut mieux les piquer dans la cire par le gros bout ou par le petit.

MACHIN

Je sais, je sais. On m'a déjà mis au courant de ces préoccupations.

ZUT, effaré.

Ah ! qui donc ? Est-ce que par hasard quelqu'un m'aurait coupé votre interview sous le pied ?

MACHIN

Non, non, tranquillisez-vous ! Mais j'ai rencontré ce crétin de Chose qui m'a raconté votre visite.

ZUT

Ah ! bon ! Et il vous a dit sans doute, cher Maître, ce que lui-même il pense là-dessus ?

MACHIN

Lui, penser quelque chose ! Allons donc ! Un bavard ! Des mots enfilés ! Des mots pour ne rien dire !

ZUT

Tandis que vous, cher maître...

MACHIN

Oh ! moi, c'est une autre paire de manches. La forme, ça m'est égal. Le fond d'abord, telle est ma doctrine. Et je l'ai répété à Chose. Et vous pouvez le confirmer au public. C'est net, cela, il me semble. Et si l'on s'y trompe, c'est qu'on le voudra bien.

ZUT

Bref, vous êtes, à ce que je comprends, pour les soies de cochon blanc.

MACHIN

Mais non, mais non, sacrebleu ! De cochon noir !

Tout ce qu'il y a de plus noir ! La forme, c'est blanc. Le fond, c'est noir. Soyons logiques ! Je raisonne et je pense, moi ! Noir, noir, cochon noir !

ZUT

J'entends, cher maître. Et, si je ne me trompe, je vois aussi que vous êtes pour qu'on pique par le petit bout.

MACHIN

Comment, le petit ?

ZUT

Je veux dire le gros.

MACHIN

Pourquoi le gros ?

ZUT

Enfin, par l'un ou par l'autre.

MACHIN

Par celui que je déclare le vrai, par celui-là seul, fichtre !

ZUT

A la bonne heure ! Je suis fixé.

MACHIN

Et notifiez-le au public sans ambiguïté possible, n'est-ce pas, et de façon à ce que Chose n'ait pas encore à ergoter.

ZUT

Soyez sans inquiétude, cher maître ; je suis un phonographe.

SCÈNE III

UN TEL

Dis donc, mon vieux Zut, si tu me demandais mon opinion sur quelque chose ?

ZUT

Pourquoi et sur quoi ?

UN TEL

Sur ce que tu voudras et pour qu'on parle de Bibi. D'ailleurs, j'ai des idées.

ZUT

En as-tu sur la question de savoir s'il faut préférer les soies de cochon noir aux soies de cochon blanc dans la fabrication des cils artificiels...

UN TEL

... pour mastodontes de Muséum ? Je te crois ! C'est ma spécialité.

ZUT

Et tu as aussi un boniment tout prêt sur le gros bout ou le petit bout au point de vue du piquage dans la cire ?

UN TEL

Si j'ai un boniment là-dessus ! J'en ai fait le catéchisme d'une école nouvelle !

ZUT

Une école !

UN TEL

Oui ! Une école qui se dresse triomphalement en face de l'ancienne.

ZUT

Quelle ancienne

UN TEL

Celle qui a été fondée ce matin par notre ami Quelconque.

ZUT

Eh bien ! Vas-y, et dis-moi tes avis et ton école. Et je demanderai aussi une déclaration de principes à Quelconque. Que de lignes ! Que de bonnes lignes ! O Public, réjouis-toi !

LE PUBLIC, à la cantonade.

Mufle ! Mufle !

SCÈNE IV

ZUT

J'ai encore quelques colonnes de copie à fournir. Qui diable pourrais-je bien interroger ? Tout le monde y a passé, je crois, tout le monde et les autres.

TARTEMPION

Pas moi.

BARBANCHU

Ni moi.

ZUT

Oh ! vous !... Les antédiluviens, alors ?

TARTEMPION

Qu'est-ce que ça fait ?

BARBANCHU

Ça fait des lignes, va !

ZUT

Ils ont raison, après tout. Soit ! Je vais vous interviewer aussi. Dans le tas, on ne s'apercevra pas que ce sont des morts. Allons-y donc !

BIBLOSCOT

Et moi, je ne suis pas là pour un coup ? Pourquoi ne me mets-tu pas sur la sellette ?

ZUT

Qui es-tu ? Et quels sont ces gens vagues dont tu es accompagné ?

BIBLOSCOT

Je suis celui dont on cherche toujours le nom, et sans pouvoir s'en souvenir, celui qu'on désigne par un clappement des doigts et un claquement de la langue, celui qu'on connaît tout en ne le connaissant pas, celui qui fait bégayer les meilleures mémoires, celui que finalement on appelle... heu ! heu ! heu ! tu sais bien... Bibloscot !

ZUT

Oui, c'est vrai ! J'y suis !... Bibloscot.

BIBLOSCOT

Et ces deux êtres brumeux qui me suivent sont mes deux intimes et me remplacent à l'occasion. L'un est le célèbre Peau-de-Balle, et l'autre le fameux Peau-de-Zébi.

ZUT

Enchanté, messieurs !...

PEAU-DE-BALLE

Voici ce que je subodore à propos des soies de cochon noir !

PEAU-DE-ZÉBI

Et voici ce que je guigne au sujet des soies de cochon blanc !

BIBLOSCOT

Quant au piquage dans la cire par le gros ou le petit bout, je ne te cacherai pas plus longtemps que...

ZUT

Quoi ? Vous aussi, je peux donc vous interviewer ?

BIBLOSCOT

Bédame !

PEAU-DE-BALLE

Oh ! mince alors !

PEAU-DE-ZÉBI

On peut le dire.

ZUT

En voilà une veine ! Que de lignes ! Que de lignes !... Je vous écoute, chers maîtres !

SCÈNE V

CAMELOTS, glapissant.

Demandez le recueil complet des interviews recueillics par monsieur Zut, sur la question de savoir si les soies de cochon noir sont préférables aux soies de cochon blanc dans la fabrication des cils artificiels pour mastodontes de Muséum, et s'il vaut mieux les piquer dans la cire par le gros bout ou par le petit !... Demandez les opinions et mutuels éreintements des maîtres contemporains à propos de la question !... Demandez les interviews de messieurs Chose, Machin, Un Tel, Quelconque, Tartempion, Barbanchu, Bibloscot, Peau-de-Balle et Peau-de-Zébi. Demandez le grand problème du jour, la dernière actualité passionnante ! Demandez la joie et l'instruction du Public renseigné sur la question de savoir si les soies de cochon noir...

LE PUBLIC, d'une voix tonnante.

Ah !... m... !

XV

L'HORREUR DU BANAL

BALLET DE PARAVENT

L'HORREUR DU BANAL

PERSONNAGES

LUI.
ELLE.
L'ANGE DU BANAL.

(Le dialogue imprimé traduit ce que pensent les interlocuteurs, ce qu'ils devraient penser plutôt, et qu'ils n'expriment point, mais qu'on peut reconstituer sous le voile d'une conversation quelconque, tissue de rien et tramée de n'importe quoi.)

SCÈNE PREMIÈRE

LUI

Alors, vraiment, chère madame, vous avez à ce point l'horreur du banal?

ELLE

A ce point, oui, cher monsieur, et même plus encore, si c'est possible.

LUI

Voudriez-vous insinuer par là que vous l'avez plus que moi-même?

ELLE

J'ai cette prétention.

LUI

Me permettez-vous de vous mettre à l'épreuve et de voir si vous la justifiez, cette prétention?

ELLE

Oh! tout à votre aise.

LUI

Vous ne m'en voudrez pas si, pour vous faire ma cour, je vous dis très sincèrement ce que je suis?

ELLE

Je ne vous en voudrai pas le moins du monde.

LUI

Et vous ne vous offusquerez pas non plus si, en retour, je vous demande de me confesser vous-même très loyalement ce que vous êtes?

ELLE

Je ne m'offusquerai en aucune façon.

LUI

A la bonne heure! Il me semble que nous pourrons nous entendre.

ELLE

Il me le semble aussi.

LUI

Et d'abord, chère madame, apprenez que je suis tout

à fait incapable de ressentir l'amour profond, passionné, aveugle, absolu, auquel sans doute vous vous imaginez avoir droit.

ELLE

Sachez en revanche, cher monsieur, que je me proclame entièrement indigne d'un pareil amour.

LUI

Je n'éprouve, pour les femmes en général, et pour vous en particulier, qu'un désir charnel, et aussitôt fini qu'il est satisfait.

ELLE

Ce que m'inspirent les hommes, et ce que vous m'inspirez, vous l'avez formulé on ne peut mieux.

LUI

Que je fasse naître en vous ce désir, même si transitoire, voilà qui m'étonne et qui me prouve combien mal vous avez dû me regarder. Car, pour qu'une chair ait faim d'une autre chair, encore faut-il que celle-ci soit un peu appétissante, et la mienne ne l'est guère, prenez-y garde !

ELLE

D'où vous vient cette soif de moi, fût-ce une soif à étancher d'un trait, c'est ce que je ne puis concevoir. Car l'eau où vous avez envie de boire n'est rien moins que fraîche, je vous prie d'y faire attention.

LUI

Je suis extrêmement usé par de nombreux excès de jeunesse.

ELLE

J'ai servi à user ainsi force gens qui sont aujourd'hui dans votre cas.

LUI

Il ne serait pas nécessaire d'être très fort en calcul pour additionner les cheveux qui me restent.

ELLE

Il faudrait l'être pour compter tous les coiffeurs qui ont eu l'honneur de teindre les miens.

LUI

Ma bouche, comme vous pouvez le voir, est une vraie mine d'or.

ELLE

Pour le sourire qu'il vous est loisible d'admirer entre mes lèvres, le jury de l'Exposition universelle a décerné un diplôme hors concours à mon dentiste.

LUI

J'ai la goutte.

ELLE

Je suis rhumatisante.

-LUI

Sans la ceinture hypogastrique dont je soutiens ma taille, vous me trouveriez une certaine ressemblance avec un tonneau.

ELLE

Inutile de vous dire que sous mes hanches en baleine et mes appas rembourrés de coton, je suis faite comme une planche.

LUI

L'odeur d'un fort cigare, en demeurant dans les moustaches, est le meilleur écran d'un mauvais estomac.

ELLE

Ce n'est pas non plus en vain que je grignotte sans cesse des pastilles au gingembre.

LUI

Dame ! quand on est un vieux beau !

ELLE

Que voulez-vous ? Quand on est une ancienne coquette !

LUI

Le pis, c'est que, même quand j'étais jeune, je n'étais pas beau.

ELLE

Je vous avouerai qu'à vingt ans j'étais plutôt laide.

LUI

Cela ne m'a pas empêché, au reste, d'avoir beaucoup de maîtresses.

ELLE

Moi, je crois presque que cela m'a servi à avoir beaucoup d'amants.

LUI

Pourquoi ?

ELLE

Et vous, pourquoi ?

LUI

Moi, parce que je passais pour savoir..., pour être.... enfin, pour un homme avec qui l'on ne s'ennuyait pas.

ELLE

Et moi parce qu'on m'avait fait la réputation d'une femme qui..., d'une femme que..., enfin d'une femme attachante.

LUI

Et, l'étiez-vous réellement, sérieusement, attachante?

ELLE

Et vous, est-ce que, la main sur la conscience, vous étiez si..., vous saviez tellement...?

LUI

Peuh! Mais vous?

ELLE

Bah!

LUI

Tout de même, vous ne dites pas non?

ELLE

Vous non plus.

ENSEMBLE

Heu! heu!

LUI

Vous voyez bien que mon désir de vous s'explique.

ELLE

Et le mien de vous est aussi tout naturel.

LUI

Alors...

ELLE

Alors, quoi !

LUI

Alors, ne serait-il pas amusant, et tout à fait hors du banal, que notre très originale confession mutuelle eût pour aboutissement inattendu...?

ELLE

En effet, peut-être.

LUI

Comment ! Peut-être ! Mais vous n'avez donc pas, autant que vous le prétendez, horreur du banal ?

ELLE

Si, si.

LUI

Ah ! pas au même point que moi, voyons !

ELLE

Par exemple !

LUI

Bien sûr, puisque vous ne sautez pas tout de suite sur cette proposition.

ELLE

Mais j'y saute, j'y saute !

LUI

En paroles, seulement. Tandis que moi, mon horreur du banal va jusqu'à...

ELLE

Ah ! enjôleur !

LUI

Ah ! séductrice !

ELLE

Comme si je n'avais pas compris que toutes ces vilaines choses, dont vous vous accusez, sont d'affreux mensonges !

LUI

Comme si j'étais dupe des calomnies que vous inventez à plaisir contre vous-même !

ELLE

Vous, vieux beau ! Quelle plaisanterie !

LUI

Vous, une coquette sur le retour ! Allons donc !

ELLE

Monsieur voudrait faire croire qu'il est un tonneau !

LUI

Madame s'imagine qu'on peut la prendre pour une planche !

ELLE

Votre goutte ! Ah ! laissez-moi rire !

LUI

Pauvre petite rhumatisante, comme je vous plains ! Hi ! Hi ! hi !

ELLE

Vous riez, brigand, pour donner un démenti à votre fameuse mine d'or.

LUI

Et vous, pour m'éblouir de vos perles.

ELLE

Faux chauve! Poser à la calvitie, quand on possède à peine une toute mignonne tonsure, la tonsure obligatoire de l'homme distingué!

LUI

Se faire honte d'une teinture qui est le dernier cri de la mode!

ELLE

Vous êtes charmant.

LUI

Vous êtes ravissante.

ELLE

Jamais, auprès d'aucun homme, je ne me suis sentie aussi troublée.

LUI

Y a-t-il au monde d'autres femmes que vous?

ELLE

Ce que vous m'inspirez, ce n'est pas un de ces désirs grossiers dont on rougit ensuite.

LUI

Ce que j'éprouve pour vous, c'est la passion véritable, profonde, aveugle, absolue, que vous méritez.

ELLE

Vous ne m'en croyez pas indigne, n'est-ce pas?

LUI

Toi, toi, mon ange ! Indigne !

ELLE

Tu es sincère ?

LUI

Si je suis sincère !

ELLE

Songe que nous nous le sommes juré, d'être sincères.

LUI

Et nous le sommes.

ELLE

Oui, oui, certes.

LUI

Dieu nous créa pour nous entendre.

ELLE

Ton âme est sœur de la mienne.

LUI

Que les autres mentent, se trompent à qui mieux mieux, soient fourbes comme on l'est toujours en ces fausses amours qu'on proclame immortelles ! Mais nous, nous, c'est en toute loyauté qu'ont parlé nos cœurs.

ELLE

Nous, oui, nous seuls.

LUI

Nous ne mentons pas, nous.

ELLE

Fi ! Mentir. Qu'y a-t-il de plus banal ? Et nous en avons horreur, nous, du banal.

LUI

Horreur, tu l'as dit, horreur.

ELLE

Et c'est pourquoi je t'aime.

LUI

Et c'est pourquoi je t'aime aussi.

ELLE

Et je t'aime encore, parce que tu es beau.

LUI

Et je t'adore parce que tu es belle.

ELLE

Dis-le-moi toujours, toujours ! Oh ! de plus près ! De tout près !

LUI

Dis-le-moi sur mes lèvres.

ELLE

Comme elle me grise, la fine odeur de tes moustaches !

LUI

Quelles épices dans ton baiser !

ENSEMBLE

Viens ! viens !

SCÈNE II

Les Mêmes, L'Ange du Banal

(Cinq minutes se sont écoulées.)

L'ANGE DU BANAL

Merci bien, monsieur, madame.

LUI ET ELLE

Il n'y a pas de quoi.

XVI

CHIENNERIE

MIMODRAME

CHIENNERIE

PERSONNAGES

MIRZA, chienne d'appartement.
BOBY, bouledogue.
YOLANDE, petite baronne.
WILLIAM, cocher.
LARBINS divers.

(La scène se passe dans *le meilleur monde*.)

PREMIER TABLEAU

SCÈNE PREMIÈRE

MIRZA, BOBY

(Le théâtre représente la cour de l'hôtel. Au fond, les écuries. A droite, une fenêtre donnant sur le boudoir de la petite baronne. A gauche, l'entrée du grand escalier.)

MIRZA, à la fenêtre.

Ce Boby est décidément un gaillard bien râblé ! Quelle tête énorme ! Quels reins solides ! Les belles pattes torses ! Et des muscles ! Ah ! ces muscles !... Comme ils jouent sous sa peau souple, au poil rude et luisant! Sans doute cette brute ne doit pas avoir des sentiments fort raffinés. Il ouvrirait de gros yeux stupides, si je lui parlais de ma subtile mélancolie, si je lui analysais l'état d'âme morbide et précieux de la pauvre petite Mirza. Mais qu'a-t-il besoin de les connaître, ces mystères physiopsychologiques? Pour en disserter savamment et délicatement et délicieusement, n'ai-je pas mon suave ami Pug, le carlin de la duchesse, un de nos plus fins directeurs de conscience? Il est vrai qu'en revanche ce Pug n'est ni le Pug Farnèse, ni celui du Belvédère. Un gastralgique, un hypocondriaque, un névropathe, un morphinomane, un intellectuel enfin, comme nous tous, hélas! Tandis que cet animal de Boby! Ah! quels muscles!

BOBY, dans la cour.

Allons, voilà encore la Mirza qui me fait de l'œil à la fenêtre du boudoir! Me fait-elle de l'œil, vraiment? Elle en a tout l'air, ma foi! Mais quoi? Est-ce qu'on sait jamais, avec ces sacrées chiennes du monde? Ça vous a toujours la prunelle à l'envers. Ça se pâme pour un rien. Quelle idée de croire que cette coquette-là, avec son spencer de peluche bleu-tendre, son nœud de soie au toupet, veuille s'offrir un cabot d'écurie comme moi? Tu te montes le bourrichon, mon bonhomme, voyons. Après tout, d'ailleurs, ce que je m'en fous! Ça ne doit pas être un fameux morceau, cette chipie-là.

MIRZA, de la fenêtre.

Pst! pst! Boby!

BOBY, à part.

Mais si, nom de nom! Elle en tient. Pour sûr, elle me gobe. (Haut.) De quoi?

MIRZA

La porte du grand escalier est ouverte. Il n'y a personne dans les appartements. Montez donc, Boby ; j'ai quelque chose à vous dire.

BOBY

On y va, on y va.

MIRZA, à part.

J'adore sa façon de parler. C'est simple, c'est peuple, c'est nature. Ça me change de Pug, aux phrases si quintessenciées. Oh! combien exquises, certes, les ʳ hologies de notre Saint Augustin laïque! Mais aussi, le Boby, quelle carrure!... Ah! cette carrure!

SCÈNE II

Dans le boudoir.

BOBY

Me v'là! J'ai un peu glissé sur les parquets. Quand même, ayez pas peur, j'suis d'aplomb.

(Il cligne de l'œil d'un air égrillard.)

Oui, d'aplomb, et d'attaque, on peut le dire. D'attaque, vous entendez, la p'tite mère.

(Il la bouscule, légèrement, croit-il, mais de façon à la faire tomber les quatre pattes en rebindaine.)

MIRZA

Prenez garde ! Vous m'avez fait mal.

BOBY

Oh ! c'est rien, ça. Attendez un peu ; 'tout à l'heure, vous verrez.

(Il la flaire à la mode canine.)

MIRZA

Que faites-vous là, Boby ?

BOBY

Dame ! ma révérence, mignonne. J'ai reçu de l'inducation, sans que ça paraisse !... Mâtin ! que vous embaumez fort ! Mais je suis franc, moi. Vous savez, ça ne sent pas bon, ce que vous vous mettez au...

MIRZA, pudique.

Boby, je vous en prie, pas de gros mot.

BOBY

Oh ! ce ne serait pas un gros mot ; vous avez un si petit...

MIRZA

Boby, Boby, de grâce ! (A part :) Il ne manque pas d'un certain esprit, le maroufle !

BOBY

Enfin, quoi ! Petit ou non, ce que vous y mettez ne sent pas bon.

MIRZA

C'est du new-moon-hay, pourtant.

BOBY

Eh ben ! le new-moon-hay pue, v'là tout.

MIRZA

Que mettez-vous donc, vous, mon cher Boby ?

BOBY, avec un gros rire.

Moi ? Rien, parbleu. Tenez ! sentez plutôt.

(Il se tourne et Mirza le flaire.)

MIRZA

Oh ! l'exquise odeur !

BOBY

Vrai ?

MIRZA

Je vous jure.

BOBY

Alors c'est que je suis parfumé naturellement.

MIRZA

Oui, vous avez raison. Cela fleure en effet le chien, le fort chien.

BOBY

Un peu aussi le fumier, allez, probablement. Je m'y roule avec plaisir, des fois.

MIRZA, reflairant.

Un peu aussi le fumier, oui, je ne dis pas. C'est très sain, n'est-ce pas, l'odeur du fumier ?

BOBY

Oh ! pas tant que celle de la charogne. Ça, qu'est

fameux, pour les puces. Et ça vous fait un poil, faut voir ça.

MIRZA

La charogne ? En vérité !

BOBY

Comme j'ai l'honneur de vous le dire. Sans compter qu'après s'être roulé dessus, la charogne, on la boulotte.

MIRZA

On la... quoi ?

BOBY

Boulotte. On la briffe, enfin. Bref, on s'en colle une tranche. Et ce que c'est bath à se passer entre ses dents !

MIRZA

Voilà pourquoi vous les avez si belles.

BOBY

Possible.

MIRZA

Moi, on me les brosse tous les matins, avec un dentifrice inventé exprès par une de nos sommités vétérinaires.

BOBY

Oh ! là, là ! Mince !

MIRZA

Vous dites ?

BOBY

Rien ! J'rigole. Un dentifrice !

CHIENNERIE

MIRZA

Vous n'en usez pas ?

BOBY

D'mande pardon. Quéqu'fois.

MIRZA

Lequel employez-vous, de préférence ?

BOBY

L'étron frais.

MIRZA

Je ne connais pas. C'est bon ?

BOBY

Du nanan. Tenez ! Humez-moi ça

(Il lui souffle au nez violemment.)

MIRZA

Oh ! quelle haleine merveilleuse !

BOBY

Je n'en suis pas plus fier.

MIRZA

De quoi donc êtes-vous fier ?

BOBY

De ça.

(Son geste désigne l'objet que nous n'osons plus nommer et que les anciens Grecs exhibaient au regard même des jeunes filles dans les cérémonies religieuses des Phallophories.)

MIRZA, baissant les yeux.

Oh ! Boby.

BOBY

Eh ben ! oui, j'en suis fier. Est-ce qu'il n'y a pas de quoi ?

MIRZA, timide.

Je ne sais pas, mon ami. Je ne suis pas au courant de ces choses-là.

BOBY

Pas difficile d'y être, pourtant, et de savoir. Si vous y tenez ! A vot' service.

MIRZA

Vous avez des façons de faire la cour... !

BOBY

La cour, moi ! J'la fais pas, la cour. C'est bon pour ceux qui ne sont pas foutus d'faire aut'chose. Moi, je...

MIRZA

Boby, encore une fois, pas de gros mot !

BOBY

Alors, quoi ? La chose, hein ?

MIRZA

Vous le désirez donc vivement, mon cher Boby ?

BOBY

Moi ! oh ! avec vous, pas tant que ça. C'est pour vous

être agréable, pas plus. Une politesse, v'là tout. On est bien élevé ou on ne l'est pas.

MIRZA, à part.

Son indifférence même m'excite. C'est un ragoût nouveau pour moi. Et dire que ce rustre, qui parle si mal, doit agir si bien ! Tandis que le subtil Pug...

BOBY

Avez-vous fini de réfléchir ? Voyons, ça vous va-t-il, oui ou non ? Décidez-vous. Moi je suis pressé. J'ai de la besogne en bas. Et si on me trouve ici, ça en fera un pétard. Allons, est-ce oui ?

MIRZA

Soyez bien élevé, Boby.

BOBY

Je comprends. Ça veut dire...

MIRZA

Chut !

BOBY

Suffit ! Entendu. On y va. On y va.

(La pantomime devient injouable, et les spectatrices sont priées de mettre leurs mains sur leurs visages afin de ne rien voir, sinon entre les doigts.)

SCÈNE II

Les Mêmes, YOLANDE

(A la brusque ouverture de la porte, Mirza, qui est pâmée, s'évanouit, tandis que Boby, impassible, achève sa phrase non finie.)

YOLANDE

Horreur ! Le monstre ! Ma Mirza ! Au secours ! Au secours ! Il la tue. Il la martyrise. C'est hideux ! Le cœur me lève. Au secours !

BOBY

Va donc, eh ! trumeau !

SCÈNE III

Les Mêmes, LARBINS

(Des larbins sont accourus, effarés, et, sous leurs regards, Boby, sans se déconcerter, met le point final à sa phrase.)

YOLANDE

Ce chien ! Qu'on chasse ce chien ! Qu'on l'assomme ! Ma pauvre Mirza !

(Les larbins veulent battre Boby ; mais Boby hogne, grogne, leur montre ses crocs et s'en va tranquillement en menaçant les lâches qui n'osent le poursuivre.)

MIRZA, revenant à elle.

Ah ! ces muscles ! Quels muscles !

YOLANDE

Ma chérie ! Il t'a fait mal, bien mal, n'est-ce pas ? Qu'on assomme ce chien, je vous dis, qu'on le tue, qu'on le... !

UN LARBIN

Madame la baronne, c'est le bouledogue de William.

YOLANDE

Ah ! de... de... William. Ah ! bien !

LES LARBINS, à part.

(Rire muet.)

DEUXIÈME TABLEAU

Dans la chambre à coucher de la baronne.

YOLANDE, WILLIAM

(Même tableau que le premier avec quelques variantes dans le dialogue, mais la fin de la pantomime beaucoup plus corsée et l'injouable devenu encore plus injouable.)

BOBY, caché sous le lit.

Et on dit que les chiens sont cochons. Ah ! zut, alors !

XVII

LIBERTÉ-LIBERTAS

TROISIÈME INTERMÈDE PHILOSOPHIQUE

LIBERTÉ-LIBERTAS

PERSONNAGES

VEINA, bouteille de vin.
GUIGNA, autre bouteille de vin.
MACHIN, homme.
CHOSE, autre homme.
ERNEST, valet de chambre.
LA ROSE.
L'ORTIE.
SOPHIA, vieille dame.
VOIX CÉLESTES.

SCÈNE PREMIÈRE

Dans la cave.

VEINA

A la bonne heure, voilà un tonnelier comme je les aime, consciencieux, soigneux, plein de respect pour le vin qu'il met en bouteille. Avec quels scrupules il m'a rincée ! Et le beau bouchon dont il m'a close ! Du liège serré, sans champignon, sans ver, et si élastique quoique serré ! Bref, un bouchon de première qualité, et tout neuf ! Et cette cire écarlate, odorante ! Il me semble que je suis coiffée d'une rose.

GUIGNA

Eh bien ! avec moi, il n'a pas fait tant de cérémonies, le sagouin ! Il n'a seulement pas vidé le vieux fond aigre qui m'empestait. Il m'a emplie à la va te faire fiche, aïe donc, aïe donc, et bouchée du même au même. Un bouchon d'occase, à moitié pourri, et puant la vinasse éventée, c'est assez bon pour moi, sans doute. Encore, avant de me le fourrer au goulot, il l'avait fourré dans son goulot à lui, et mouillé de sa salive, le cochon ! Une salive à l'ail et au jus de pipe ! Pouah ! j'en ai mal au cœur.

VEINA

Il est vrai que je contiens un vin fin, haut coté. Dame ! on n'est pas la première venue.

GUIGNA

Moi, si, hélas !

VEINA

Je sors d'une feuillette en joli châtaignier, propre et luisante comme un meuble de prix.

GUIGNA

Je sors d'une grande futaille qui ressemblait à un tonneau de vidange, et d'où l'on m'a transvasée en un broc aux couleurs de vomissure.

VEINA

Aussi bien, j'ai toujours été heureuse, et je n'ai pas à me plaindre du sort.

GUIGNA

Moi, si, hélas !

VEINA

La vigne dont je suis issue pousse au flanc d'un coteau délicieux, à l'abri du vent, et elle est toujours caressée par les baisers câlins du soleil.

GUIGNA

Ma mère végétait dans un bas-fond humide, sous l'ombre d'une grande andouille de noyer qui nous cachait le ciel. Je me demande toujours qui diable avait eu l'idée de planter là un cep. Bougre d'idiot, va !

VEINA

Oh ! les clairs matins, pleurant de douces larmes de rosée sur nos grappes ! Oh ! les tièdes couchants dont le sang vermeil gonflait nos cœurs !

GUIGNA

Oh ! les gifles de la bise sur nos peaux ridées avant l'âge ! Oh ! la bave des limaces nocturnes, qui sinistrement s'infiltrait en nous et nous empoisonnait !

VEINA

Le vigneron nous gardait des grives gourmandes, au moyen d'un épouvantail, et même en faisant sentinelle de sa personne. Ses enfants allaient jusqu'à chasser les abeilles qui voulaient nous conter fleurettes.

GUIGNA

Ce que les oiseaux nous becquetaient, nous, ce n'est rien de le dire ! Et nous avions beau être du verjus et du grince-dents, il y avait toujours sur nos grappes flétries autant de guêpes que de grains.

VEINA

Mais le vigneron a été payé de ses peines. Quelle belle vendange ! Par une journée d'automne toute de pourpre et d'or ! Et c'est aussi de l'or et de la pourpre qui sortirent du pressoir. Un pressoir du dernier modèle, primé à l'Exposition !

GUIGNA

Oh ! la, la ! Mince de chic ! Nous, le vigneron faisait un pif ! C'était un jour de pluie, de boue. Et c'est de la boue aussi qui giclait dans la cuve, où le patron, un vieux cocu, dansait avec des arpions écaillés de crasse.

VEINA

En vérité, oui, j'ai de la chance.

GUIGNA

Moi pas, foutre !

VEINA

Gloria tibi, Domine !

GUIGNA

De profundis !

VEINA

Dieu est grand, Dieu est bon !

GUIGNA

Dieu ? N'y en a pas, de Dieu ! J't'e dis qu'y en a pas, nom de Dieu !

SCÈNE II

Dans un riche cabinet de travail.

CHOSE

Sans doute, cet homme est à plaindre, très à plaindre. Sa femme morte, ses petits malades, lui-même sortant de l'hospice ; évidemment tout cela n'est pas gai. Mais est-ce vrai ? Il y a, paraît-il, des agences de mendicité où l'on connaît les adresses des gens riches, et où l'on rédige ces sortes de lettres pour les apitoyer. Bah ! ça doit être une blague dans ce genre-là. Je serais bien bête de me faire de la bile pour si peu ! Au diable l'importun ! (Il sonne son valet de chambre.) Ernest, vous direz qu'il n'y a pas de réponse. Et si on revient, eh bien ! ma foi ! menacez du commissaire de police. Là, voilà, c'est entendu.

SCÈNE III

Dans une riche chambre à coucher.

CHOSE

Fameux, ce vin ! J'ai dîné comme un ange. Et je me sens tout joyeux, tout ravi. Quel bouquet ! Quel corps !

Oh ! ce vin ! (Il fait claquer sa langue contre son palais.) Tout de même, quand on y pense, comme la vie est drôle ! Dire que j'ai bu cette merveille, et qu'il y a de pauvres diables qui... ! Car enfin, j'y resonge, ce malheureux de ce matin, ce n'était peut-être pas une blague, sa lettre ? La femme morte, les petits malades, lui-même sortant de l'hospice ! Si c'était vrai, pourtant !... Je crois que j'ai été dur. Certes, certes ! (Il fait de nouveau claquer sa langue.) Oh ! ce vin ! Trop bon, ma foi, trop bon ! Ça se paie quand on est plus heureux qu'il ne faut. On dit que ça se paie. Si c'était vrai, ça aussi ! Fichtre ! (Il sonne son valet de chambre.) Ernest, est-ce qu'il est revenu, ce mendiant, depuis que vous lui avez rendu sa lettre ?

ERNEST

Non, monsieur.

CHOSE

Et qu'est-ce qu'il a dit quand vous lui avez annoncé qu'il n'y avait pas de réponse ?

ERNEST

Rien, monsieur. Il est parti en pleurant.

CHOSE

En pleurant ?

ERNEST

Oh ! ça pleure comme ça veut, ces gens-là.

CHOSE, sévèrement.

Gardez vos sottes réflexions pour vous, Ernest, n'est-ce pas ? Et si ce brave homme revient demain, faites-le entrer tout de suite, je vous prie.

ERNEST

Bien, monsieur.

CHOSE

Et si je ne suis pas là, vous lui donnerez vingt francs, vous entendez, vingt francs. Là, maintenant, couchez-moi !

ERNEST, le déshabillant.

Oui, monsieur. (A part.) Vingt francs ! Une semaine de mes gages, à ce propre-à-rien ! Si ça ne fait pas suer !

CHOSE

Vous dites ?

ERNEST

Moi, monsieur ? Rien du tout.

CHOSE

Il faut être généreux, Ernest, très généreux, très charitable. La charité est l'excuse de la richesse. (Il se frotte les mains.) C'est si agréable de faire du bien ! On se sent un autre homme. On a le cœur qui se dilate. (A part, en se couchant.) C'est vrai, je suis content de ma journée, moi. Oh ! ce vin, ce vin !

SCÈNE IV

Dans la rue.

MACHIN

Pas possible, c'est une bouteille de poison qu'ils m'ont donnée, ces gens qui m'ont fait l'aumône ! Ils m'ont bien dit qu'ils me la donnaient parce qu'elle était un peu piquée. Mais elle est plus que piquée, pour sûr. Ça me fait comme du feu dans l'estomac et dans la tête. Il est vrai que j'ai la tête si faible, depuis ma sortie de l'hospice ! Et puis, voilà deux jours que je n'avais rien avalé. (Il titube et trébuche.) Il me semble que je suis soûl. Eh ! ben ! et mes petits qui crèvent de faim, là-bas ! Oh ! ce richard, qui m'a fait foutre à la porte, ce matin ! Pourquoi ne m'a-t-il rien donné, lui ? Un franc, même dix sous, même deux sous ! Ça ne l'aurait pas beaucoup privé, hein ? Et nous aurions quéqu' chose à manger, nous ! (Il a un étourdissement.) Je vois des choses qui dansent devant moi !... Parbleu ! c'est ce richard qui me barre le chemin avec son gros ventre... Mais non, non ! il est chez lui, à c't' heure, bien tranquille, à digérer dans son lit. (Il ferme les yeux.) C'est au bout du couloir, sa chambre à coucher. Je me rappelle bien. J'y ai fait un déménagement, dans cet appartement-là, au temps où j'étais solide et où j'avais de l'ouvrage. (Il rouvre les yeux, qu'il a fixes et hagards.) Oui, au bout du couloir. Et la salle à manger est à gauche, en entrant. C'est loin de la chambre à coucher. On n'entendrait rien. Elle était grande ouverte, ce matin, la salle à manger. Et y en a, de l'argenterie ! (Il s'appuie contre un mur.) De l'argent, de l'argent ! J'en vois qui danse devant moi, qui luit, qui luit, que j'en ai mal aux yeux. Ah ! ce que j'y ai chaud à mes pauvres yeux ! Et dans toute ma tête aussi ! C'est ce sacré vin. Ça me brûle. Mais qu'est-ce qui me brûle donc comme ça ?

SCÈNE V

Dans un cimetière.

LA ROSE

Je me souviens. Je me souviens. Sous ce gazon l'on a enterré cet homme riche qui avait été assassiné. Dans son corps s'épanouissait *Veina*, qu'il avait bue. Et de *Veina* je suis née, et je m'épanouis à mon tour, moi la rose !

L'ORTIE

Je me souviens. Je me souviens. Sous ces gravats on a enfoui le cadavre de l'assassin guillotiné. Dans sa chair aigrissait *Guigna*, qu'il avait bue. Et de *Guigna* je suis née, et je sue du poison, moi l'ortie.

LA ROSE

Gloria tibi, Domine !

L'ORTIE

De profundis !

SCÈNE VI

SOPHIA. (Elle met ses besicles et achève de rédiger un chapitre de philosophie en le déclamant à haute voix.)

La croyance en la fatalité est donc une croyance immorale et une déprimante hypothèse contre laquelle on ne saurait réagir trop énergiquement, en affirmant, avec tous les psychologues dignes de ce nom, que l'homme n'est pas la proie inconsciente d'un honteux et lamentable déterminisme, mais que tout au contraire...

SCÈNE VII

VOIX CÉLESTES

Vive la liberté !

XVIII

LE FAINÉANT

MORALITÉ EN PROSE ET EN VERS

LE FAINÉANT

SCÈNE PREMIÈRE

LE RICHE

La vie est morne. Le ciel est noir. Je ne sais que faire. Je m'ennuie. Je suis triste.

LE PAUVRE

J'ai faim.

LE POÈTE

Faites l'aumône.
Semez l'or jaune.
en pousse en printemps soudain
Un merveilleux jardin.

Faites l'aumône.
Semez l'or jaune.
Il en poussse au cœur parfumé
Toutes les fleurs de Mai.

Faites l'aumône.
Semez l'or jaune.
Il en pousse des fleurs de miel
Aux couleurs d'arc-en-ciel.

Faites l'aumône.
Semez l'or jaune.
Riches et pauvres en auront
Une auréole au front.

LE RICHE

Ma foi, je n'avais pas vu ce pauvre. Si je lui donnais, pour me distraire ?

LE PAUVRE

J'ai faim.

LE RICHE

Tenez, mon brave homme.

LE PAUVRE

Merci bien, mon bon monsieur.

LE RICHE, à part.

La vie a d'agréables moments, tout de même. Quel joli soleil ! Dans la nue et dans moi, voilà le beau temps revenu.

LE PAUVRE, à part.

V'là l'beau temps. Pourvu qu'ça dure !

LE POÈTE

Apprends ma chanson, répète-la aux gens, et le beau temps durera pour toi, comme pour eux. Ceux qui l'entendront en seront émus, et en te faisant l'aumône ils se feront à eux-mêmes la charité.

LE PAUVRE

Je ne comprends pas.

LE POÈTE

Qu'importe !

SCÈNE II

LE LABOUREUR

En faut-il de ces sacrés sillons, avant qu'on soit au bout de ce sacré champ !

LES BŒUFS

Comme le joug est lourd ! Comme la terre est dure !

LE LABOUREUR

Et, après ce champ-là, core un aut'champ ! Et j'te laboure, et j'te laboure, et laboureras-tu !

LES BŒUFS

Comme la terre est dure ! Comme le joug est lourd !

LE LABOUREUR

J'ai les bras gourds et des fourmis plein les reins.

LES BŒUFS

Broum ! broum ! broum ! Pourquoi ainsi, sans relâche, fait-on rouler ce tambour sous notre crâne ?

LE LABOUREUR

Et, pendant que je trime ici, dire qu'il y a là-bas, couché à l'ombre, un propre-à-rien qui me regarde, et qui ne fait œuvre de ses dix doigts!

LES BŒUFS

Oh! le paresseux! Il chante, au lieu de travailler.

LE LABOUREUR

C'est pour se fout' du pauv' monde.

LES BŒUFS

Sa voix est douce, pourtant. Ecoutons un peu.

LE POÈTE

Hardi! les meneurs de charrue!
Le sol est dur, le champ est grand;
Mais bientôt sur la moisson drue
Luira le soleil, la dorant.
  Dia! hue! oh! hue!
  Malurette et malurant,
  Ric à rac et droit au rang
   Tiens bon ta charrue,
    Mon parent,
     Chtiot! hue!

Hardi! les meneurs de charrue!
Le sol est un enfant souffrant
Pour qui la tendresse est accrue
Par tant de peine qu'on y prend.
  Dia! hue! oh! hue!

Malurette et malurant,
Ric à rac et droit au rang
Tiens bon ta charrue,
Mon parent,
Chtiot ! hue !

Hardi, les meneurs de charrue !
Laboureur qui vas labourant,
Hume à chaque motte apparue
L'âme du sol frais-odorant.
Dia ! hue ! oh ! hue !
Malurette et malurant,
Ric à rac et droit au rang
Tiens bon ta charrue,
Mon parent,
Chtiot ! hue !

Hardi ! les meneurs de charrue !
La Terre a l'air indifférent ;
Mais d'âpre amour elle est férue
Pour le mâle qui l'entreprend.
Dia ! hue ! oh ! hue !
Malurette et malurant,
Ric à rac et droit au rang
Tiens bon ta charrue,
Mon parent,
Chtiot ! hue !

Hardi ! les meneurs de charrue !
Baisez la Terre en l'adorant.

C'est la bienfaisante bourrue ;
Plus qu'on ne lui donne elle rend.
Dia ! hue ! oh ! hue !
Malurette et malurant,
Ric à rac et droit au rang
Tiens bon ta charrue,
Mon parent,
Chtiot ! hue !

Hardi ! les meneurs de charrue !
Que le soc raide et déchirant
Comme un nerf de taureau se rue
Au ventre de la mère-grand !
Dia ! hue ! oh ! hue !
Malurette et malurant,
Ric à rac et droit au rang
Tiens bon ta charrue,
Mon parent,
Chtiot ! hue !

SCÈNE III

A la fin du jour.

LE LABOUREUR

J'l'ai-t-y chantée, j'l'ai-t-y chantée, c'te chanson ! J'en ons le gosier qui pèle. Et un couplet, et core un un autre, et jusqu'au dernier, et après le dernier, core le premier ; et comm' ça de couplet en couplet, de recommencement en recommencement, v'là qu' j'en suis à mon sillon de la fin, v'là qu' j'en suis au bout du champ, et sans m'être aperçu d' rin.

LES BŒUFS

Quoi ! vraiment, la besogne est terminée ?

LE LABOUREUR

N'en faut pas trop tirer, quand même, de ces sacrés sillons, pour retourner toute une terre.

LES BŒUFS

Le joug était léger. La glèbe n'était pas dure. Comme le soir est vite venu aujourd'hui !

SCÈNE IV

L'INVENTEUR

Ma femme est malade. Mes petits n'ont rien à manger. Faut-il renoncer à mon projet ? Il était si grand ! Il était si beau !

LE SAVANT

A quoi bon chercher encore ? Chaque problème résolu engendre un problème nouveau. C'est une chaîne dont le dernier anneau rejoint le premier à l'infini. Jamais je ne toucherai à ce point de jonction, jamais, jamais.

L'APÔTRE

Quels mots imaginer, quels symboles, pour leur donner ma foi ? Ils me croiront fou. On dit déjà que je suis dangereux. Ils me tueront.

LE PROLÉTAIRE

Oui, je sais, la semaine des quat' jeudis ! C'est ce jour-là qu'on l'aura, le paradis sur terre. En attendant, faut turbiner, faut crever.

LE POÈTE

Bois un coup, casse une croûte,
Et puis le bourdon au poing !
Pèlerin, ne halte point !
Pèlerin, en route, en route !
C'est au tournant du chemin
Que la fleur du rêve humain
   Va fleurir demain.

L'infâme Aujourd'hui te leurre ;
Mais Demain est si charmant !
Pèlerin, marche en l'aimant !
On arrive tout à l'heure.
C'est au tournant du chemin
Que la fleur du rêve humain
   Va fleurir demain.

La Nuit dans sa froide toile
Voudrait te coudre au linceul ;
Mais on n'est ni mort ni seul
Tant qu'au ciel rit une étoile.
C'est au tournant du chemin
Que la fleur du rêve humain
   Va fleurir demain.

LE FAINÉANT

Ah ! l'étoile s'est éteinte !
L'ombre est un noir corridor.
Mais, au bout, la cloche d'or
Parmi les ténèbres tinte.
C'est au tournant du chemin
Que la fleur du rêve humain
    Va fleurir demain.

La cloche est d'une chapelle
Où tu dois te reposer.
Sa chanson comme un baiser
Vers le but promis t'appelle.
C'est au tournant du chemin
Que la fleur du rêve humain
    Va fleurir demain.

Hier, l'étoile et la cloche
T'ont menti vilainement ;
Mais, cette fois, rien ne ment.
Crois en elles, l'heure est proche.
C'est au tournant du chemin
Que la fleur du rêve humain
    Va fleurir demain.

Pèlerin à l'agonie,
Meurs en marchant, ne chois pas.
Pèlerin, encore un pas !
Voici la terre bénie.
C'est au tournant du chemin
Que la fleur du rêve humain
    Va fleurir demain.

L'INVENTEUR

Ah ! j'y suis, j'y suis. Je crois que j'ai trouvé.

LE SAVANT

Je touche au premier principe.

L'APÔTRE

Qu'ils me tuent, mais qu'ils soient heureux !

LE PROLÉTAIRE

Bah ! A force de n'avoir qu'un jeudi, la semaine finira peut-être par en avoir quatre. Si je ne vois pas ça, nos gosses le verront.

SCÈNE V

UN SOLDAT

Ben ! C'était-il la peine de parler de la paix uniververselle ? V'là qu'on recommence la guerre à c' t'heure.

UN AUTRE

Quel métier de brute, d'aller se faire casser la gueule pour un sou par jour ?

UN TROISIÈME

Si seulement on savait pourquoi qu'on la fait, la guerre !

UN CONSCRIT, à part.

Ah ! ma payse, ma payse, vous ne m'aimerez plus, de rester tant longtemps sans me voir.

LE SERGENT

Serrez les rangs, nom de Dieu !

UN SOLDAT

Et le pire, dans la guerre, c'est qu'y en a qui n'y vont pas.

LE SERGENT

Des infirmes ! Des clampins !

TOUS

Bien sûr.

LE SERGENT

Serrez les rangs, nom de Dieu !

LE CONSCRIT

J'n'en peux plus.

TOUS

Moi non plus.

LE SERGENT

Qui est-ce qui sait une chanson pour doubler le pas ?

LE POÈTE

Moi.

LE SERGENT

De quel régiment es-tu, toi ?

LE POETE

De la musique.

LE SERGENT

Eh ben ! vas-y, mon p'tit.

LE POÈTE

Payse, j' vous écris sans plume
Sur un nuag' qui passe au vent.
Il vous dira-z-en arrivant
Que j' pense à vous comm' de coutume.

Ran plan plan, les gas, en avant !
J' m'appell' Jean-Pierre et j' suis vivant.

C'est le roi d'Prusse ou des Autriches,
Je n' sais pas d'où, mais d'à côté,
Qu'est entré chez nous tout botté
En disant qu' nous étions trop riches.

Ran plan plan, les gas, en avant !
J' m'appell' Jean-Pierre et j' suis vivant.

On s'a battu toute un' journée
Aux sons du fifre et du tambour.
Il f'sait plus noir que dans not' four ;
Ça ronflait comme un' cheminée

Ran plan plan, les gas, en avant !
J' m'appell' Jean-Pierre et j' suis vivant.

J'ai l' nez mouché par une entaille
Et deux lingots d' plomb sous la peau ;
Mais paraît qu' j'ai pris un drapeau
Et nous ons gagné la bataille.

Ran plan plan, les gas, en avant !
J' m'appell' Jean-Pierre et j' suis vivant.

Payse, j'en ai l'espérance,
Quinze ou vingt ball's comme ça dans l' corps,
Et vous s'rez, si je vis-t-encor,
La femm' d'un maréchal de France.

Ran plan plan, les gas, en avant !
J' m'appell' Jean-Pierre et j' suis vivant.

SCÈNE VI

Dans un livre d'histoire.

« Ainsi fut gagnée cette bataille suprême, par laquelle se termina la guerre, et s'assura définitivement le salut du pays. La position avait été enlevée au refrain entraînant d'une de ces chansons populaires que les soldats se transmettent par tradition orale et dont on ne connaît pas même les auteurs. »

ÉPILOGUE

LE LÉGISLATEUR

Finissons le recensement de la nation. Que ceux qui restent à examiner exposent brièvement à quoi ils servent.

LE SOLDAT

Je me bats.

LE LABOUREUR

Je laboure.

L'OUVRIER
Je turbine.

LE SAVANT
Je calcule.

L'INVENTEUR
J'invente.

TOUS
Hum ! hum !

L'APÔTRE
Je prêche.

TOUS
Oh ! oh !

LE LÉGISLATEUR
Enfin, soyons indulgents !

LE RICHE
Moi, je fais aller le commerce.

TOUS
Très bien.

LE PAUVRE
Moi aussi.

TOUS
C'est vrai.

LE LÉGISLATEUR
Et toi, là-bas, l'homme aux bras ballants et aux yeux en porte-cochère ?

LE POÈTE
Je chante.

TOUS
Quoi ? Quoi ? Qu'est-ce qu'il fait ?

LE LÉGISLATEUR

Il chante.

TOUS

Oh ! le fainéant ! A la porte ! A la porte !

LE LÉGISLATEUR

Le chasser n'est pas suffisant. Il faut ici un exemple. Le salut de la société l'exige.

TOUS

Oui, oui, à mort ! à mort !

(On le massacre.)

XIX

LES NOCES DE PIERROT

FÉERIE

LES NOCES DE PIERROT

PERSONNAGES

PIERROT.
LA LUNE.
ET DIVERS.

SCÈNE PREMIÈRE

LA LUNE, PIERROT

(La Lune parle et Pierrot mime.)

LA LUNE

Écoute, mon petit Pierrot. Voilà longtemps, joliment longtemps, que tu me tourmentes pour coucher avec moi.

PIERROT

Oh ! voui, alors.

LA LUNE

Eh bien ! il dépend aujourd'hui de toi, de toi seul, que ton désir soit enfin exaucé.

PIERROT

Si cela ne dépend que de moi, ça y est. Je suis tout prêt, mon amour de Lune, toujours tout prêt pour toi. Regarde plutôt !

LA LUNE

Pas de geste obscène, n'est-ce pas ? Je suis on ne peut plus sérieuse.

PIERROT

Et moi, donc ? Je le suis comme l'archange Saint-Michel, sérieux.

LA LUNE

Si tu plaisantes toujours, bonsoir !

PIERROT

Non, non, je ne plaisante plus, pardon, mon chou, pardon ! J'ai cessé d'interrompre. Je suis tout oreilles.

LA LUNE

Ecoute donc. Tu vas t'habiller comme tout le monde ; tu t'exprimeras en parlant comme tout le monde ; tu auras de l'argent dans ta poche, comme... à peu près tout le monde. Et tu coucheras avec moi si tu fais de cet argent un emploi convenable, je veux dire qui soit digne de toi et de moi. Voici mon portrait, un bel écu de cinq francs. Voyons comment tu t'en serviras de façon à gagner mes faveurs.

(Elle lui donne l'écu.)

PIERROT

(Il lui repasse l'écu en clignant de l'œil d'un air égrillard.)

LA LUNE

Que signifie ? Parle donc tout haut, puisque dorénavant tu dois t'exprimer de la sorte. Parle ! Que signifie ?

PIERROT, parlant.

Cela signifie : voilà pour tes gants, mon trognon, et sois bien co...

LA LUNE

Insolent !

PIERROT

Ah ! pardon ! Encore une fois, pardon ! Et croyez bien, chère marquise...

LA LUNE

Assez ! Et songe à ce que je t'ai dit.

(Elle s'éclipse.)

SCÈNE II

PIERROT, seul.

Est-ce bête, ça ! Je ne peux pas m'empêcher de lui dire des blagues. Et pourtant je l'aime, je l'aime lyriquement. Oui, c'est le mot. Mais quoi ! J'ai été si mal élevé ! Et puis, je suis timide, au fond. Et alors, pour ne pas le paraître, je fais le malin, je tâche d'être drôle. Mais je l'aime tout de même. Et de tout mon cœur. O Lune, ma suave Lune, ma.... Pas d'effusion monologuante, Pierrot ! A l'action ! A l'action ! Ces cinq balles, comme elles sont jolies ! Son portrait, quoi ! Et dire qu'en les employant bien je peux être au comble de mes vœux ! Ah ! si je vais bien les employer, je vous crois ! Oui, mais comment ? Cherchons.

(Il s'abime en une réflexion profonde, pendant laquelle des fées invisibles le déshabillent de sa défroque blanche, lui passent une culotte et une redingote noires et le coiffent d'un haut-de-forme.)

Tiens ! j'ai changé de peau ! Oh ! ce que je dois être laid là-dedans ! Enfin, puisqu'il le faut, pour lui obéir ! Pourvu que je n'aie pas changé d'âme en même temps ! On le dirait, ma foi ! Il vient de me passer une idée si saugrenue ! Quelqu'un, en moi, m'a soufflé de payer mes dettes. Ah ! zut, alors !... Et voici que cette voix me dit maintenant de faire fructifier mon capital. Quels mots singuliers ! Fructifier ! Capital ! Est-ce que, vraiment, pour être digne de la Lune, je dois employer ainsi... Au lieu de boire ces cinq francs, par exemple ! Ah ! mais, qu'est-ce que j'ai donc ? Je monologue tout le temps, à présent. Je me rase moi-même. Holà ! holà ! Quelqu'un pour dialoguer. Holà ! Quelqu'un !

SCENE III

PIERROT, LE MÉDECIN

LE MÉDECIN

Voilà, mon ami, voilà. Vous êtes souffrant, n'est-ce pas ?

PIERROT

Pas du tout.

LE MÉDECIN

Si. Vous êtes tout pâle.

PIERROT

C'est mon teint.

LE MÉDECIN

Il n'est pas naturel. Çà, çà, que je vous soigne.

PIERROT

Mais je n'ai mal nulle part.

LE MÉDECIN

Justement. C'est la maladie que je guéris le mieux. C'est ma spécialité.

PIERROT

Et combien prenez-vous par consultation?

LE MÉDECIN

Cinq francs.

PIERROT

Eh bien! tu n'auras pas les miens.

(Il le chasse à coups de bourrades.)

Plus souvent que je dépenserais ma bonne galette en lavements!

SCÈNE IV

PIERROT, L'AVOUÉ

L'AVOUÉ

Monsieur, on m'a dit que vous aviez des capitaux litigieux.

PIERROT

Liti... quoi?

L'AVOUÉ

Gieux. Et je me mets à vos ordres pour...

PIERROT

Pour quoi?

L'AVOUÉ

Pour faire plaider l'affaire.

PIERROT

Mais je n'ai pas d'affaire.

L'AVOUÉ

On a toujours une affaire. S'il le faut, j'en ferai naître une. Avancez-moi d'abord une petite provision.

PIERROT

De combien?

L'AVOUÉ

De cinq francs.

PIERROT

Tiens! voilà une provision de giroflées à cinq feuilles.

(Il le chasse en le giflant.)

SCÈNE V

PIERROT, LE BOURSIER

LE BOURSIER

Cinq, dont dix. En prenez-vous ?

PIERROT

Savoir !

LE BOURSIER

La prime est sûre.

PIERROT

Tant mieux pour elle !

LE BOURSIER

Le report va bien.

PIERROT

Moi aussi. Et vous ? Merci. N'y a pas de quoi.

LE BOURSIER

C'est cinq francs de commission que vous me devez.

PIERROT

Cinq gnons dans la gueule, tu veux dire. Va donc, eh ! commissionnaire !

(Il le chasse à coups de poing.)

Ah ! ça, qu'est-ce qu'ils ont, tous, après mes cinq francs ?

SCÈNE VI

PIERROT, LE JOURNALISTE

LE JOURNALISTE

Monsieur, je viens vous interviouver.

PIERROT

Interviou... quoi ?

LE JOURNALISTE

Ver. Interviouver.

PIERROT

Bren !

LE JOURNALISTE, prenant des notes.

Bren ! Bien. Et après ?

PIERROT

Après ? Encore bren !

LE JOURNALISTE

C'est tout ?

PIERROT

Non.

LE JOURNALISTE

J'écoute respectueusement, cher maître.

PIERROT

Rebren ! bren ! bren !

LE JOURNALISTE

Ça fait cinq outrages, monsieur. A un franc de dommages et intérêts par outrage, vous en êtes pour cinq francs.

LE PIERROT

Cinq francs !

LE JOURNALISTE

Oui ; ou sinon, mes témoins !

PIERROT

Je ne sais pas l'escrime.

LE JOURNALISTE

Moi, je ne sais que ça.

PIERROT

Et alors ?

LE JOURNALISTE

Alors, apprenez-la. Je vais vous envoyer mon maître.

(Il sort.)

SCÈNE VII

PIERROT, LE MAITRE D'ARMES

LE MAITRE D'ARMES

Vous avez bésoin dé moi pour uné léçon dé terrain, eh ?

PIERROT

Il paraît.

LE MAITRE D'ARMES

On tire au poignet, vous savez.

PIERROT

Et on n'a pas cinq francs de dommages et intérêts à payer ?

LE MAITRE D'ARMES

Non.

PIERROT

Et la leçon, combien coûte-t-elle ?

LE MAITRE D'ARMES

Cinq francs.

PIERROT

Zut ! Flûte ! Des panais ! Fous-moi le camp. Tiens, regarde si je tire au poignet, moi !

(Il lui donne des coups de pied au cul.)

SCÈNE VIII

PIERROT, seul.

Avec tout ça, je ne vois toujours pas à quoi je puis employer mon argent pour que la Lune soit satisfaite. Une façon, a-t-elle commandé, qui soit digne d'elle et digne de moi ! Si je faisais dire une messe ?

SCÈNE IX

PIERROT, DES CURÉS

PREMIER CURÉ

A vôtre service, monsieur. C'est cinq francs.

DEUXIÈME CURÉ

Moi, monsieur, pour cinq francs j'en dirai deux.

TROISIÈME CURÉ

Moi, quatre.

QUATRIÈME CURÉ

Moi, monsieur, une douzaine.

CINQUIÈME CURÉ

Moi, monsieur, autant qu'il vous plaira. J'ai une agence.

TOUS LES AUTRES CURÉS

Les siennes ne valent rien, monsieur. Il les fait dire dans les prisons.

(Les curés sortent en se battant.)

SCÈNE X

PIERROT, UNE NUÉE DE GENS

UN ÉDITEUR

Monsieur, voulez-vous publier vos œuvres? A vos frais, bien entendu.

UN DIRECTEUR DE THÉATRE

Monsieur, je monte votre pièce, si vous payez les décors.

UN PEINTRE

Votre portrait à l'huile, monsieur?

UN PHOTOGRAPHE

Non, monsieur, au soleil !

UN COCHER

Il pleut. C'est cinq francs la course.

UN GARÇON DE CAFÉ

Des bocks pour tous ces messieurs, n'est-ce pas ? C'est cinq francs.

UNE FILLE

Monte donc chez moi, joli brun. Pas cher ! Cinq balles.

UN CONCIERGE

Si vous n'avez ni enfants, ni chiens, ni piano, ni belle-mère, ni fleurs sur la fenêtre, ni rien qui déplaise au gérant, c'est entendu, et vous n'avez plus qu'à me verser mon denier à Dieu de cinq francs.

UN FACTEUR

Voici votre almanach, monsieur. Le locataire d'avant vous me donnait cinq francs d'étrennes.

UN BOUEUX

A moi aussi.

UN VIDANGEUR

A moi aussi.

UN PAPIER VERT

Je suis la feuille d'imposition. Il y a cinq francs de frais.

VOIX DIVERSES

Cinq francs ! cent sous ! cent sous ! cinq francs !

PIERROT

Miséricorde ! miséricorde !

(Il se sauve effaré.)

SCÈNE XI

Dans la campagne, au bord d'un étang, le soir.

PIERROT

Oh ! non ! J'aime mieux y renoncer, et me noyer. Jamais je ne saurai à quoi employer mes pauvres cinq francs. Et jamais je ne coucherai avec toi, ô Lune adorée, Lune cruelle, Lune ironique. Maudits soient-ils, tes cinq francs ! Et qu'ils s'en aillent au diable, d'où ils viennent sans doute.

(Il lance l'écu vers l'étang.)

Oh ! les jolis ricochets ! Encore un ! Encore un ! Et toute une file, tout un chapelet, tout un long chapelet de perles dansantes et scintillantes ! Oh ! que c'est beau !

SCÈNE XII

PIERROT, UN MENDIANT

LE MENDIANT

La charité, mon bon monsieur !

PIERROT

La charité ? Ah ! pauvre bougre !

(Il fouille dans ses poches.)

LE MENDIANT

Ma femme est mourante. J'ai sept enfants. Voilà deux jours que nous sommes sans pain.

PIERROT

Sept enfants ! Ta femme mourante ! Deux jours sans pain ! Et dire que je n'ai plus un sou, plus un, et que tout à l'heure... Ah ! pourquoi n'es-tu pas venu tout à l'heure ?

LE MENDIANT

Ayez pitié !

PIERROT

Mais j'ai pitié, mon brave homme, j'ai pitié. Seulement, quoi ?...

(Il pleure et regarde désespérément vers l'étang.)

LE MENDIANT

Ayez pitié !

PIERROT

Ma foi, tant pis ! Noyé pour noyé !... Attends un peu !

(Il se déshabille et pique une tête.)

LE MENDIANT

Ayez pitié !

PIERROT, la tête hors de l'eau.

Je l'ai retrouvée, la pièce. La voici !... Ah ! mais, je

n'en peux plus. Je suis à bout de force. Je vais couler. Tiens, tiens, au moins, reçois mon aumône.

(Il lance l'écu qui vient tomber aux pieds du mendiant.)

LE MENDIANT

Merci bien, mon bon monsieur.

(Il s'en va en courant.)

SCÈNE XIII

PIERROT, barbotant dans l'eau.

Au secours ! Au secours ! Il se sauve ! Il me laisse noyer ! Ah ! la canaille ! Mais qu'importe ! Puisque je voulais mourir. Je ne regrette pas ce que j'ai fait. Ouf ! je coule !

(Il s'enfonce dans l'eau.)

SCÈNE XIV

LA LUNE, au ciel.

Pierrot, mon petit Pierrot, je t'adore.

PIERROT, du fond de l'eau.

Il est trop tard.

LA LUNE

Non, mon mignon.

(Elle descend sur l'étang, y flotte comme un cygne, puis plonge et disparait dans la profondeur.)

PIERROT ET LA LUNE, sous l'eau.

Ah ! que c'est bon !

XX

L'INUTILE

MYSTÈRE

L'INUTILE

PERSONNAGES

DIEU.
SATAN.
LA PESTE.
LE FOSSOYEUR.
DES PRÊTRES.
DES MÉDECINS.
LA FOULE.
LE POÈTE.

SCÈNE PREMIÈRE

Dans l'infini.

DIEU

Il me semble que la Terre a besoin d'une purge.

SATAN

C'est mon avis !

DIEU

Il y a trop de coquins là-bas, décidément.

SATAN

Et trop d'honnêtes gens aussi.

DIEU

Une bonne peste fera venir ces coquins à résipiscence, ou je me trompe fort.

SATAN

Si je ne m'abuse, elle réveillera les mauvais instincts qui dorment chez les honnêtes gens.

DIEU

C'est ce que nous verrons.

SATAN

Quand tu voudras.

DIEU.

Tout de suite. Je n'aime pas qu'on me défie.

SATAN

Moi non plus.

DIEU

Eh bien ! allons-y.

SATAN ET DIEU

Holà ! Qu'on lâche la peste sur la terre !

SCÈNE II

Sur la terre.

LA FOULE

Hélas ! hélas ! Voici revenus les jours épouvantables, les jours dont il est parlé dans les vieilles annales, les jours des vengeances célestes, disait-on autrefois ! La science nous avait promis cependant qu'ils ne reviendraient plus, et qu'elle était armée désormais contre de tels fléaux. La science nous a donc menti ? Il existe donc toujours des Dieux qui nous en veulent ?

LES MÉDECINS

Non, non, la science ne vous a pas menti. Ayez confiance en nous. Les remèdes sont prêts. Le mal est connu. Nous allons en triompher. Encore quelques lois à établir, quelques phénomènes à observer ; encore quelques études, dont le fléau présent nous offre d'ailleurs l'occasion propice ; encore un peu de patience, et nous allons vous sauver.

LES PRÊTRES

Si, si, la science est menteuse. Il n'y a de vrai que Dieu. Son bras est terrible. Il s'appesantit sur vous parce que vous l'avez offensé. Il vous rappelle à lui par ce châtiment. Inclinez-vous devant sa juste colère. Ne pensez plus à votre salut dans ce monde. Ne vous occupez que de votre salut dans l'autre. Priez ! Priez !

LES MÉDECINS

Soignez-vous ! Soignez-vous !

LA FOULE

Que faut-il faire ?

PREMIER MÉDECIN

Voici mon remède. C'est le seul bon.

DEUXIÈME MÉDECIN

Voici le mien. Tous, hors lui, sont mauvais.

TROISIÈME MÉDECIN

Ni celui-ci, ni celui-là. Prenez celui que je vous offre. Il est l'unique.

QUATRIÈME MÉDECIN

Peuple, on te trompe. En fait de médecin sûr, il n'y a que moi, il n'y a que moi !

LES PRÊTRES

Arrière, charlatans ! Le vrai remède, c'est la prière. A genoux, peuple, à genoux !

LA FOULE

Oui, prions, prions ! O prêtres, priez pour nous !

PREMIER PRÊTRE, quêtant.

Pour l'entretien de l'Église, s'il vous plaît !

DEUXIÈME PRÊTRE, idem.

Pour les âmes du purgatoire, s'il vous plaît !

TROISIÈME PRÊTRE

Qui veut faire dire des messes ?

QUATRIÈME PRÊTRE

Voici de l'eau bénite et des indulgences !

LES MÉDECINS

Arrière, marchands du temple ! Arrière, voleurs !

(Les médecins et les prêtres se battent.)

LE FOSSOYEUR, chantant.

Et pendant c'temps-là
J'fais toujours marcher ma pelle ;
Et pendant c'temps-là,
Moi, c'que j'turbine, oh ! la, la !

LA PESTE

Descends donc dans l'trou, eh ! feignant !

SCÈNE III

Dans l'infini.

DIEU

Tu vois, les coquins viennent à résipiscence.

SATAN

Tu m'as l'air résipiscence ! Quoi ! tu prends pour de la piété cette venette universelle ! Faut-il que tu sois jeune, mon pauvre vieux !

DIEU

Dis donc, un peu plus de respect, je te prie. Au lieu de gouailler, écoute plutôt ce que disent ces honnêtes gens que j'entends parler sur la terre.

SATAN

Voyons voir !

SCÈNE IV

Sur la terre.

UN MÉDECIN

Si je m'inoculais la maladie, peut-être que je trouverais le remède ?

(Il se pique de sa lancette.)

UN PRÊTRE, à un pestiféré.

Mon frère, je vais vous donner sur la bouche le baiser de paix, pour que vous mouriez consolé et en pleine absolution.

(Il le fait.)

LA PESTE

Encore deux de ramassés ! Et par leur faute.

SCÈNE V

Dans l'infini.

DIEU

Que dis-tu de ces deux-là, mons Satan ?

SATAN

Je dis que le médecin espérait la gloire et que le prêtre a cru gagner ton paradis.

DIEU

Et alors ?

SATAN

Alors, ils ont travaillé pour leur intérêt.

DIEU

Sceptique !

SATAN

Gobeur !

DIEU

Mais, où veux-tu en venir, avec tes chicanes perpétuelles, vilain analyste !

SATAN

Oh ! à rien de bien neuf. J'ai lu La Rochefoucauld, voilà tout, et je trouve que tu t'emballes toujours, suave lyrique.

DIEU

C'est de l'ironie, cela, n'est-ce pas ?

SATAN

Comme qui dirait.

DIEU

Ah ! que tu serais attrapé si quelque brave homme, sans arrière-pensée égoïste, même supposable, même supposable à tes yeux de psychologue pervers...

SATAN

Mais, précisément, je prétends qu'il n'y en a pas.

DIEU

Attends un peu. Laissons la Peste redoubler de rage, et peut-être qu'alors...

SATAN

Soit!... Holà! Du cœur à la besogne, chaud, chaud, la Peste!

SCÈNE VI

Sur la terre.

LA FOULE

Hélas! hélas! Ni les remèdes, ni les prières ne servent à rien. Une haleine de mort souffle sur nous en ouragan. On la boit par tous les pores. On la hume aux lèvres des agonisants aimés. On la respire en leurs derniers regards. Elle a tout envahi. Elle émane de partout. Elle jaillit du sol. Elle tombe du ciel. La mer elle-même, la mer aux flots salés, la mer en qui s'assainissait toute corruption, la mer aussi est devenue un cloaque de pourriture, et le vent qui a passé sur elle plante dans nos poumons des poignards empoisonnés. Hélas! hélas!

LA PESTE

Ah! vrai, je n'en peux plus.

LE FOSSOYEUR

Et moi, donc!

LA FOULE

Hélas! hélas! combien peu sommes-nous encore, à vivre! Et cela est-il vivre, que d'assister à tant de morts? Ah! pourquoi n'est-ce pas mon tour, tout de suite? Maudite soit cette vie atroce! Maudite soit la science impuissante ! Maudit soit le Dieu qui nous frappe ainsi sans raison ! Qu'avons-nous fait pour mériter des calamités pareilles ? Hélas ! hélas !

LE FOSSOYEUR

Hé ! la Peste, veux-tu boire un coup ?

LA PESTE

Ce n'est pas de refus.

LE FOSSOYEUR

Si nous nous soûlions, ma vieille ?

LA PESTE

Ma foi, oui, soûlons-nous !

LA FOULE

Nous aussi, nous aussi ! A boire ! Oublions tout. Que l'abrutissement nous ôte la conscience ! A quoi bon se soigner ? A quoi bon prier ? Dansons, chantons, buvons, enlaçons-nous ! Mourons du moins en jouissant. Faisons de nos râles des hoquets d'ivresse et d'amour ! Ah ! je meurs, je meurs. Viens, toi, femme, que je meure en toi ! Et verse-moi du vin, de l'opium, de la folie ! Blasphémons et jouissons ! Orgie, orgie et démence ! Ah ! cette vie abominable, vomissons-la, suons-la, éjaculons-la !

LE FOSSOYEUR

Dzim laïla, dzim laïla !

(La foule, le fossoyeur et la Peste elle-même meurent dans un chambardement général, où se confondent le trépas et le rut.)

LE POÈTE

Quel spectacle admirable ! Et comme je vais en faire un beau poème !

SCÈNE VII

Sur la terre et dans l'infini.

SATAN

Tu vas en faire un beau poème pour qui ?

LE POÈTE

Pour moi, parbleu ! imbécile !

DIEU

Bien répondu.

SATAN

Mais, niais de poète, qui l'achètera, ton poème, puisqu'il n'y a plus personne sur la terre ?

LE POÈTE

Je n'écris pas mes vers pour les vendre.

DIEU

Bien répondu.

SATAN

Mais qui les lira, tes vers ?

LE POÈTE

Je ne les écris pas non plus pour qu'on les lise.

DIEU
Bien répondu.

SATAN
Et pourquoi chantes-tu, alors ?

LE POÈTE
Pour chanter, rien de plus. Je tâche de faire des choses belles, uniquement afin qu'elles soient belles. Et sache bien ceci, c'est que la première et même la seule qualité essentielle du beau, c'est d'être parfaitement inutile à quoi que ce soit, sinon à être beau.

DIEU
Bien répondu.

SATAN
Cet homme est fou.

DIEU
Cet homme est sage. Ah ! le voilà bien, celui que j'espérais, celui qui te donne tort, celui qui n'a aucune arrière-pensée égoïste, aucun calcul de vil intérêt. Et notre Peste n'aurait-elle servi qu'à me le faire connaître, cela suffirait. Poète, tu es un brave homme, et tu vas en être récompensé dignement. Viens dans mon Paradis, t'asseoir à ma droite.

LE POÈTE
Excusez-moi ; mais, quand je travaille, j'aime à être seul. D'ailleurs, votre Paradis ne saurait égaler en beauté celui que je rêve, d'autant plus beau qu'il n'est

pas possible. Enfin, permettez-moi de tout vous dire :
je ne crois pas en votre existence.

SATAN

Bien répondu.

LE POÈTE

Ni en la vôtre non plus, monsieur.

XXI

MILLE ET QUATRE

PREMIÈRE DON JUANERIE

MILLE ET QUATRE

PERSONNAGES

DON JUAN.
LA BARONNE.
SGANARELLE FILS.
UN ATTACHÉ D'AMBASSADE.

SCÈNE PREMIÈRE

Au bal de l'ambassade.

LA BARONNE

Comment, en vérité, vous n'avez pas lu ce livre, vous, vous, don Juan ?

DON JUAN

En vérité, baronne, moi, moi, don Juan, je n'ai pas lu ce livre.

LA BARONNE

Mais pourquoi ?

DON JUAN

Parce que je ne lis jamais aucun livre.

LA BARONNE

Pas même ceux où il est question de vous ?

DON JUAN

Surtout ceux-là.

LA BARONNE

Je conçois ; vous n'auriez pas le temps, sans doute. Il y en a trop.

DON JUAN

Vous l'avez dit, baronne.

LA BARONNE

Fat !

DON JUAN

Ce n'est pas ma faute.

LA BARONNE

Il est certain qu'on vous fait trop d'honneur de tant s'occuper de vous.

DON JUAN

Voilà bien pourquoi je ne veux pas m'occuper de ceux qui s'en occupent.

LA BARONNE

Cependant, quand on discute vos théories ?

DON JUAN

Qui diable discute mes théories ?

LA BARONNE

Mais, précisément, cet auteur que vous n'avez pas lu.

DON JUAN, éclatant de rire.

Ah ! ah ! ah !

LA BARONNE

De quoi riez-vous ?

DON JUAN

De mes théories.

LA BARONNE

Qu'ont-elles donc de si drôle ?

DON JUAN

Ceci : qu'on les discute.

LA BARONNE

Vous êtes bien orgueilleux ! Pourquoi vos théories ne seraient-elles pas discutées comme celles des autres ?

DON JUAN

Oh ! mon Dieu ! baronne, pour une raison des plus simples : parce que je n'en ai pas.

LA BARONNE

Vous n'avez pas de théories !

DON JUAN

Parole d'honneur.

LA BARONNE

Sur les femmes ?

DON JUAN

Sur les femmes encore moins que sur le reste.

LA BARONNE

Allons ! vous me prenez pour une sotte.

DON JUAN

Hélas ! baronne, je trouve au contraire que vous avez trop d'esprit.

LA BARONNE

Que signifie cet « hélas » ?

DON JUAN

Excusez-moi. S'il vous déplait, je le retire.

LA BARONNE

Vous ai-je dit qu'il me déplaisait ?

DON JUAN

Alors, il vous plait, peut-être ?

LA BARONNE

Ah ! vous êtes insupportable, à chicaner ainsi sur des riens.

DON JUAN

Ces riens-là sont tout pour moi.

LA BARONNE

Que voulez-vous insinuer encore ?

DON JUAN

Si vous ne le savez pas, c'est que vous ne tenez pas à l'apprendre. Et si vous le savez, à quoi bon vous le dire ?

LA BARONNE

Je crois que vous devenez impertinent.

DON JUAN

Je le crois aussi.

LA BARONNE

Je suis femme à ne pas vous le pardonner.

DON JUAN

Je suis homme à en faire pénitence.

LA BARONNE

De quelle façon?

DON JUAN

En vous aimant.

LA BARONNE

C'est une déclaration en règle.

DON JUAN

Il me semble bien.

LA BARONNE

Et vous pensez que j'aimerais jamais un homme comme vous?

DON JUAN

Qui vous demande de m'aimer?

LA BARONNE

Mais alors...! Ah! voilà qui dépasse les bornes, don Juan. Ce n'est plus de l'impertinence. C'est de la gros-

sièreté, de la brutalité. Fi ! fi ! Un homme comme vous !
A une femme comme moi ! En vérité...

DON JUAN

Pardon, baronne ! Ce jeune homme timide qui tourne autour de nous et qui n'ose vous interrompre, n'est-ce pas votre danseur pour la valse prochaine ?

LA BARONNE

En effet. Excusez-moi de vous quitter un instant. A tout à l'heure !

(Elle prend le bras du jeune homme et part avec lui pour un tour de valse.)

DON JUAN, à part, les regardant.

Il valse bien mal, le pauvre garçon ! C'est la baronne qui le conduit. Quels singuliers petits bonshommes, les jeunes gens d'aujourd'hui ? D'où ça sort-il, ça ? Tiens, tiens ! Mais ce visage-là ne m'est pas inconnu. Où diantre ai-je vu... ? Ah ! j'y suis ! Il ressemble à feu Sganarelle, mon vieux domestique.

(Le couple valsant passe près de don Juan.)

LE JEUNE HOMME, à la baronne.

Oui, madame, sous les apparences du cynisme, c'est bel et bien du mysticisme, et j'en ai découvert de nouvelles preuves exégétiques, comme vous pourrez le voir dans un appendice à la dernière édition, la soixante-douzième.

LA BARONNE, rêveuse.

Exégétiques ! La soixante-douzième !

(Le couple rentre dans le tourbillon.)

DON JUAN, à part.

Quelle étrange conversation ! C'est un bachelier frais émoulu de sa philosophie, sans doute. Ou peut-être bien est-ce un commis libraire. Mais comme il valse mal ! Le plus curieux, c'est qu'il débite tout cela d'un air langoureux, à croire qu'il fait sa cour. Et la baronne semble s'en régaler. Elle pâme, ma parole ! Elle pâme.

(Passe un attaché d'ambassade.)

DON JUAN, à l'attaché.

Dites-moi, Guy, vous qui connaissez tout le monde, savez-vous quel est ce jeune homme qui valse avec la baronne ?

L'ATTACHÉ

Voyons, cher, ne me faites pas poser. Vous le savez aussi bien que moi, puisque son livre...

DON JUAN

Eh ! qui vous parle de son livre ? Je vous demande d'où il vient, ce qu'il est.

L'ATTACHÉ

Bon ! bon ! Je vois ce que vous voulez. Que je vous raconte son histoire. Eh bien ! oui, elle est amusante. Mais je dois vous l'avoir racontée déjà. Un de mes succès au Cercle !

DON JUAN

Ah ! c'est ce jeune Arménien qui là-bas en Turquie, pour étudier le harem tout à son aise, s'est fait...

L'ATTACHÉ

Tout juste. Vous voyez que vous la connaissez, son histoire. Elle est bien bonne, hein ? L'histoire d'un qui qui n'en a pas, d'histoire ! Non, mais, est-ce drôle, que ce soit précisément ce monsieur-là qui ait écrit...

DON JUAN

On dirait que la baronne en raffole ?

L'ATTACHÉ

Parbleu ! il lui parle de vous.

DON JUAN

Ah ! tout s'explique.

L'ATTACHÉ, à part.

Vieux beau, va !

(L'attaché rentre dans la foule. La baronne revient près de don Juan, ramenée par le jeune homme, qui balbutie un remerciement embarrassé, puis s'en va d'une allure gauche.)

DON JUAN, à la baronne.

Il marche comme il valse et il s'exprime comme il marche.

LA BARONNE

Oh ! Don Juan, pouvez-vous le maltraiter de la sorte ? Si vous l'aviez entendu tout à l'heure !

DON JUAN

Oui, quand il faisait sa conférence sur moi.

LA BARONNE

Qui vous a dit ?

DON JUAN

J'ai saisi au vol une de ses phrases.

LA BARONNE

Comme il est éloquent, n'est-ce pas ?

DON JUAN

Hum ! hum ! Je me suis laissé dire que dans certains cas il restait court.

LA BARONNE

N'affectez donc pas ce cynisme, don Juan ! Et surtout, ne soyez pas si mauvaise langue envers un homme qui vous admire, qui vous adore, et qui n'a au monde qu'un désir, celui de vous être présenté. Voulez-vous que je vous le présente ?

DON JUAN

Oui, baronne, mais à une condition.

LA BARONNE

Laquelle ?

DON JUAN

C'est que vous me permettrez de vous dire un mot à l'oreille, rien qu'un.

LA BARONNE

Dites.

DON JUAN

Oh ! pas ici.

LA BARONNE

Où donc ?

DON JUAN

Là-bas, sur le balcon de la deuxième fenêtre, dans

cette petite chambre mal éclairée, qui est au bout de ce couloir.

LA BARONNE

Vous êtes fou, je pense.

DON JUAN

C'est à prendre ou à laisser.

(Il enfile le couloir, et disparaît derrière le rideau de la fenêtre indiquée.)

LA BARONNE, à part.

Quel original ! Bah ! un mot, rien qu'un, et à deux pas du bal ! Qu'est-ce que je risque ? Tout au plus quelque baiser dans l'oreille ! La belle affaire ! Et je les présenterai l'un à l'autre. Et quelle mine de documents pour... Ah ! je ne puis hésiter. Dans l'intérêt de l'exégèse.

(Elle prend le même chemin que don Juan.)

SCÈNE II

Cinq minutes plus tard.

LA BARONNE

Don Juan, permettez-moi de vous présenter mon ami, l'auteur du beau livre *les Théories de don Juan*, monsieur Sganarelle fils.

DON JUAN

Sganarelle fils ! Tiens ! tiens !... Enchanté, monsieur...

SGANARELLE FILS

Ah ! monsieur, croyez bien que... (*Il bafouille.*)

LA BARONNE

Je vous laisse causer ensemble. Vous devez avoir des choses à vous dire.

(Elle repart pour la valse avec un autre danseur.)

SCÈNE III

SGANARELLE FILS

Monsieur, si l'exégèse sur vos théories...

DON JUAN

Jeune homme, je n'aime pas les conférences. Quant à mes théories, apprenez que je n'en ai pas. Ma vie se compose de faits. Feu Sganarelle, votre père, se contentait d'en tenir le compte. Imitez-le. Ne cherchez pas à comprendre mon jeu et tâchez seulement de bien marquer les coups. Voici, pour votre soixante-treizième édition, une note précieuse. Prends tes tablettes et écris.

SGANARELLE FILS

Je suis prêt, seigneur.

DON JUAN, dictant.

Mille et quatre ! La baronne ! (*Parlant.*) Tiens ! j'ai oublié son nom. Bah ! ça n'a pas d'importance. Ecris « la baronne » tout court. Nous disons donc (*se remettant à dicter*) : mille et quatre, la baronne, sur un balcon.

XXII

L'INCONNUE

SECONDE DON JUANERIE

L'INCONNUE

PERSONNAGES

DON JUAN.
SGANARELLE.
L'INCONNUE.

SCÈNE PREMIÈRE

SGANARELLE

Monseigneur, une femme est là, qui demande à vous parler.

DON JUAN

Est-elle jolie ?

SGANARELLE

Je ne saurais le dire à Monseigneur ; car elle est hermétiquement voilée.

DON JUAN

Hum ! Es-tu sûr que ce n'est pas encore cette obstinée Elvire ?

SGANARELLE

J'en suis sûr. Celle-ci ne pleure pas.

DON JUAN

Diable ! Une femme à ma porte, et qui ne pleure pas, voilà du nouveau !

SGANARELLE

C'est ce que j'ai pensé aussi.

DON JUAN

Et pourquoi ne l'as-tu pas fait entrer tout de suite, triple niais ? Du nouveau ! Tu sais que cela seul peut m'être délectable ! Du nouveau ! Il s'en présente, et tu ne me l'amènes pas à l'instant même ! Bélître !

SGANARELLE

Permettez, Monseigneur...

DON JUAN

Va, va vite me chercher cette femme. Dépêche-toi. Eh bien ! Tu restes là, planté, sans m'obéir ?

SGANARELLE

Un mot, rien qu'un mot, Monseigneur, pour me disculper.

DON JUAN

Hâte-toi.

SGANARELLE

Cette femme est vieille.

DON JUAN

Comment le sais-tu ?

SGANARELLE

Par elle-même.

DON JUAN

C'est elle qui te l'a dit ?

SGANARELLE

Oui.

DON JUAN

Alors, sot, elle n'est point vieille.

SGANARELLE

Mais j'ai des yeux aussi, Monseigneur, et j'ai parfaitement vu...

DON JUAN

Que peux-tu avoir vu, puisqu'elle est voilée ?

SGANARELLE

Hé ! Monseigneur, il n'est pas difficile de distinguer, même sous un voile, si une femme est jeune ou vieille.

DON JUAN

Sache qu'il n'y a pas de femme vieille.

SGANARELLE

Mais Monseigneur ne se fait pas idée comme elle est maigre !

DON JUAN

Il n'y a pas de femme maigre.

SGANARELLE

Enfin, s'il faut tout avouer à Monseigneur, sa vieillesse ne se contente pas d'éclater aux regards ; elle pue au nez, elle pue positivement.

DON JUAN

Qu'entends-tu par cette métaphore, maître bavard ?

SGANARELLE

Il n'y a point là de métaphore. Je parle en toute réalité. Cette vieille pue la caducité, le chanci, la moisissure, la cave, le tombeau.

DON JUAN

Voudrais-tu insinuer que c'est un fantôme ?

SGANARELLE

Je ne suis pas éloigné de le croire.

DON JUAN

Et tu laisses pareille aubaine se morfondre à ma porte ! Ah ! misérable ! Est-ce la peine de m'avoir servi si longtemps, pour me connaître si peu ? Quoi ! tu sais combien je suis las de mes bonnes fortunes, toujours les mêmes, las de la jeunesse, de la fraîcheur, de la beauté, las de la vie ; et tu ne comprends pas quel désir excite en mon cœur blasé cette vieille, cette maigre, cette décrépite, ce spectre. Mais la voilà peut-être enfin, l'aimée que je cherche. Cours, cours après elle, si elle s'est fatiguée d'attendre. Cours, et dis-lui qu'elle entre, et qu'elle est la bienvenue !

(Sort Sganarelle.)

SCÈNE II

DON JUAN

Il me semble que je l'aime déjà, cette femme. En tout cas, jamais, j'en suis sûr, je ne me suis senti mieux disposé à aimer. Vieille, caduque, fleurant le sépulcre! Ah! quel rêve! Quel délicieux rêve! Pourvu qu'elle ait un nom qui me plaise! Un nom que je n'aie pas encore entendu! Hélas! de ces noms-là, il n'en est plus dans le calendrier.

SCÈNE III

SGANARELLE

Voici cette femme, Monseigneur.

DON JUAN

Comment vous nommez-vous, madame?

L'INCONNUE

Comme tu voudras.

DON JUAN

Mais comment vous nomment les autres?

L'INCONNUE

Chacun comme il veut.

DON JUAN

Je ne vous comprends pas.

L'INCONNUE

Tu me comprendras quand tu me nommeras à ton tour, avec ravissement si tu m'aimes, avec horreur si tu me hais.

DON JUAN

Enfin, comment vous nommez-vous vous-même?

L'INCONNUE

Moi-même je me nomme l'Inconnue.

DON JUAN

Vous ignorez donc qui vous êtes?

L'INCONNUE

Peut-être bien.

SGANARELLE

Voilà de bon galimatias double, ou je ne m'y entends pas; et je pense que Monseigneur ferait mieux de ne point écouter cette vieille folle qui est tombée en enfance.

L'INCONNUE

Faut-il m'en aller, don Juan?

DON JUAN

Non, non, certes! Pas avant, du moins, que je ne t'aie possédée, femme!

SGANARELLE

Ah! Monseigneur! Fi! Pouah!

L'INCONNUE

Sganarelle a raison, don Juan. Tu n'auras pas le cœur de me posséder, quand tu m'auras contemplée sans voile.

DON JUAN

Ote-le donc, ton voile, et tu verras !

L'INCONNUE

Soit ! Je vais l'ôter, mais peu à peu, pour t'épargner une trop soudaine épouvante. Je m'arrêterai quand tu me le commanderas. Bande tes nerfs, et regarde.

SGANARELLE

Ne regardez pas, Monseigneur, ne regardez pas ! C'est épouvantable, en effet. Il y a de quoi se trouver mal. Quand je vous le disais, qu'elle puait le tombeau ! Elle en sort, elle en sort. C'est un cadavre, un cadavre ambulant. Horreur !

L'INCONNUE

Dois-je m'arrêter, don Juan ?

DON JUAN

Pourquoi? Je vois, en effet, que ton crâne est à moitié nu, que des cheveux y pendent à des plaques de peau soulevées par les vers. Je vois ta face rongée, décharnée. Les os la percent. Ton nez n'est plus qu'un double trou hideux. Ta bouche sans lèvres ricane d'un rire aux dents sans gencives. Tes yeux surtout sont affreux, tes yeux qui semblent deux cavernes, tes yeux qui sont de la nuit dans du vide. Mais j'ai les nerfs solides, ne crains rien. Continue à laisser tomber ton voile, continue.

SGANARELLE

Ah! Monseigneur, vous qui avez tenu dans vos mains tant de jolis seins blancs au tétin rose, pouvez-vous regarder ceux-là, ces abominables loques vertes flottant comme des haillons sur ces côtes à jour?

L'INCONNUE

En as-tu assez-vu, don Juan?

DON JUAN

Non, non, va toujours! J'ai vu le cœur de mes maîtresses, et je suis cuirassé contre toute horreur.

SGANARELLE

Oh! ce ventre qui a l'air de se fondre, de couler! Oh! ce... Monseigneur, Monseigneur, dites-lui de s'arrêter, de remonter son voile! Je ne peux plus assister à ce dégoûtant spectacle. Je vais vomir.

DON JUAN

Ferme les yeux.

SGANARELLE

Je ne peux pas.

L'INCONNUE

Faut-il remonter mon voile, don Juan?

SGANARELLE

Oui, oui.

DON JUAN

Laisse-le tomber, au contraire, laisse-le tomber, femme, et sois à moi.

SGANARELLE

Non, non.

L'INCONNUE

Tu le veux ?

DON JUAN

Je le veux.

SGANARELLE

Ne faites pas cela, Monseigneur. Grand Dieu ! Elle vient à vous, les bras ouverts. Et voilà que toute sa chair tombe avec son voile. Ah ! ce n'est plus qu'un squelette ! Je la reconnais, la vieille, je la reconnais. Fuyez, Monseigneur ! Elle va vous prendre. Elle va nous prendre tous les deux. Fuyons ! Elle se nomme...

(Il s'évanouit.)

SCÈNE IV

SGANARELLE

Est-ce bête de s'évanouir comme une femmelette ! Au lieu d'être brave, de saisir mon maître, de le pousser dehors, de le sauver ! Hélas ! mon pauvre maître, que j'aimais tant ! Elle l'a emporté, la gueuse. Il n'est plus, il n'est plus !

SCÈNE V

DON JUAN

Sganarelle !

SGANARELLLE

Ah ! vous, Monseigneur ! Est-ce possible ? Vous n'êtes donc pas... ?

DON JUAN

Je suis à jeun, Sganarelle, et après une nuit d'amour. Apporte-moi mon chocolat.

SGANARELLE

Votre chocolat, oui, parfaitement, Monseigneur, parfaitement.

DON JUAN

Eh bien ! Qu'est-ce que tu attends ?

SGANARELLE

Rien, rien. J'ai compris. Votre chocolat. Mais, Monseigneur...

DON JUAN

Quoi ?

SGANARELLE

Et cette femme, cette...

DON JUAN

Elle vient de s'en aller. Elle doit être encore dans la rue ; tiens, regarde par la fenêtre.

SGANARELLE

Je ne vois qu'une jeune dame, au pas léger, au visage frais et souriant, en falbalas printaniers.

DON JUAN

C'est elle.

SGANARELLE

Celle avec qui Monseigneur a couché cette nuit?

DON JUAN

Elle-même.

SGANARELLE

Monseigneur badine?

DON JUAN

Si j'ai envie de badiner avec toi, c'est au moyen d'une vraie badine, maitre sot, d'une badine à te houspiller les reins, triple bélitre!

SGANARELLE

Pourquoi donc, Monseigneur?

DON JUAN

Pour m'avoir amené comme du fruit nouveau cette gourgandine à qui j'ai déjà trop de fois fait l'honneur de mon lit.

SGANARELLE

Mais, Monseigneur...

DON JUAN

Et tâche de la reconnaitre dorénavant, n'est-ce pas, sous quelque déguisement qu'elle se présente!

SGANARELLE

Un déguisement ! Comment, hier au soir, cette vieille, ce spectre, ce squelette, ce n'était donc pas la Mort en personne, la Mort ?

DON JUAN

Eh ! non, imbécile. C'était la Vie.

SGANARELLE

Comme le monde est une drôle de chose !

DON JUAN

Va me chercher mon chocolat. Bien chaud, hein ?

SGANARELLE

Oui, Monseigneur, bien chaud.

DON JUAN

Ah ! (Il bâille.)

XXIII

FIBO

QUATRIÈME INTERMÈDE PHILOSOPHIQUE

FIBO

> ... *pecularum fibo.*
> (Dans les limbes du demi-sommeil.)

QUÆRENS

Quelle étrange figure ! Etrange, et qui pourtant ne m'est pas inconnue ! Certes, je l'ai déjà vue quelque part. Mais quand, où, dans quelles circonstances ? Voilà ce dont je ne puis me souvenir.

FIBO

Ah ! ah ! ah ! la pauvre mémoire !

QUÆRENS

Sans doute, il y a longtemps ?

FIBO

Non, non, pas longtemps du tout.

QUÆRENS

Tu te moques. Je suis sûr, moi, qu'il y a très longtemps. Et la preuve, c'est que tu m'apparais, même encore à cette heure présente, comme dans une brume de rêve. Ah ! parfaitement, j'y suis ! Je dois ne t'avoir jamais vue, mais avoir lu quelque vieille légende ou quelque nébuleux poème parlant vaguement de toi. C'est cela, c'est bien cela. Maintenant j'en ai la certitude. Voyons, que je me rappelle, que je précise ! Fibo !... Fibo !...

FIBO

A quoi bon répéter mon nom ainsi, puisqu'il ne t'évoque rien ?

QUÆRENS

Si, si, il m'évoque ton être.

FIBO

Alors, à présent, tu discernes... ?

QUÆRENS

Ton visage, ta forme, oui ; et, avec tes traits, me revient ton histoire abolie.

FIBO

Et je suis, donc ?...

QUÆRENS

Tu es une petite danseuse négrillonne venue à Rome avec la suite de l'empereur Héliogabale.

FIBO

Hi ! hi ! hi ! comme c'est drôle ! Une petite danseuse négrillonne, moi !

QUÆRENS

Tu as beau rire, va, c'est vrai ; et même, plus tu ris,

mieux je te reconnais ! Voilà bien ton nez épaté, dont les narines sont piquées de poils d'éléphant, et ta lippe violette en mûre écrasée, et tes dents trop blanches qui te font une bouche de guenon grimaçante.

FIBO

De guenon ? Tu n'es guère poli.

QUÆRENS

Oh ! de guenon charmante ! Très exquise, même ; tout à fait agréable à voir ! Sans quoi, aurais-tu été amenée à Rome par l'empereur Héliogabale ?

FIBO

Es-tu bien sûr que c'est à Rome ?

QUÆRENS

Absolument.

FIBO

Quoi te le prouve ?

QUÆRENS.

Quoi ? Je ne sais pas ; mais, pour en être sûr !... Attends, tiens, ceci me le prouve. *Pecularum !*... Oui, justement. *Pecularum !* Génitif féminin pluriel, de... de... Parbleu, de *peculæ !*

FIBO

Et que signifie *peculæ ?*

QUÆRENS

Peculæ ? Ma foi ! je l'ignore. Un mot latin qui m'échappe ! Cela peut arriver au meilleur latiniste. Je chercherai tout à l'heure dans un dictionnaire, et je trouverai certainement. Le sens me fuit ; mais la terminaison ne saurait me tromper. *Peculæ, pecularum !*

FIBO

Oh ! oh ! oh ! que tu m'amuses !

QUÆRENS

Et l'empereur Héliogabale, est-ce qu'il t'amusait, quand il plantait des épingles d'or dans tes petits seins en poire ?

FIBO

Il faisait cela, l'empereur Héliogabale ?

QUÆRENS

Dame ! tu l'as raconté toi-même aux juges.

FIBO

Ah ! ah ! ah ! tu me feras mourir de rire.

QUÆRENS

Tu m'agaces, à rire sans cesse.

FIBO

Aimes-tu mieux que je pleure ? Ce sera de ta bêtise, alors.

QUÆRENS

De ma bêtise ? En quoi donc suis-je si bête, à ton avis, mauvaise moricaude ?

FIBO

En ceci, que tu prends, comme toujours, tes rêvasseries pour des réalités.

QUÆRENS

Explique-toi, je te prie.

FIBO

Volontiers. Ecoute-moi donc. Je vais te conter une histoire qui n'est vieille que de cinq minutes, et dont cependant tu n'as plus le souvenir bien net et conscient.

QUÆRENS

Dis-moi tout de suite que je suis gâteux!

FIBO

Non, mais tu somnoles, voilà tout, et sur ce journal que tu as parcouru avant de t'endormir.

QUÆRENS

Eh bien! après?

FIBO

Dans ce journal tu as lu distraitement, entre autres choses, les suivantes : un article sur un de tes confrères, mort récemment, et auteur d'un livre...

QUÆRENS

L'Agonie, de Jean Lombard, n'est-ce pas? Tu vois bien que je me rappelle. C'est un beau livre où revit l'empereur Héliogabale.

FIBO

Précisément. Après cet article, tu as lu des nouvelles de la mission Crampel.

QUÆRENS

Je m'en souviens aussi.

FIBO

N'y parlait-on pas d'une certaine petite sauvagesse, nommée...?

QUÆRENS

Nommée Narinzhe.

FIBO

C'est cela même.

QUÆRENS

Je n'étais pas si distrait, il me semble.

FIBO

C'est vrai, je te fais toutes mes excuses. Tu as même fort bien retenu ce détail, qu'elle avait les narines...

QUÆRENS

Piquées de poils d'éléphant.

FIBO

A merveille. Et, après cela, tu as lu encore un procès sadique...

QUÆRENS

L'homme aux épingles !

FIBO

Tu l'as dit.

QUÆRENS

Mais où veux-tu en venir ?

FIBO

Patience ! Laisse-moi te rafraîchir un souvenir dernier. Ce soir, quand ton petit garçon t'a souhaité la bonne nuit, te rappelles-tu qu'il t'a dit savoir maintenant le latin ?

QUÆRENS

Oui, je me rappelle cela.

FIBO

Et tu as ri, car il ne peut savoir de latin, à son âge.

QUÆRENS

Evidemment.

FIBO

Et tu lui as demandé de t'en réciter, pour voir, du latin.

QUÆRENS

Oui, c'est vrai.

FIBO

Et, comme il en entend souvent réciter par son frère, il a bravement inventé n'importe quels vocables, dénués de sens, mais chantant la musique retenue des terminaisons latines.

QUÆRENS

En effet.

FIBO

Et sa phrase imaginée finissait par... Allons, allons, tu ne te souviens plus ? Mais ta mémoire inconsciente se souvient, elle. C'est elle qui a gardé ces mots, et qui tout à l'heure, comme tu somnolais sur ton journal, t'a obstinément murmuré...

QUÆRENS

Pecularum Fibo !

FIBO

Juste! Et, de là... Ah! ah! ah!

QUERENS

Ah! ah! ah!

FIBO

Ne ris pas, imbécile! Rêveur, rimeur, évocateur d'images, créateur par les mots, poète, ce dont tu te gausses là niaisement, c'est le mécanisme même de ta pensée, et le secret magique de ton génie, si tu en as.

XXIV

LE SECRET DE LA VIE

PREMIÈRE FAUSTERIE

LE SECRET DE LA VIE

PERSONNAGES

FAUST.
PIED.
LA ROSE.
LE VIN.

SCÈNE PREMIÈRE

FAUST

Enfin, je vais peut-être avoir le domestique rêvé, une brute qui se contente d'être mon serviteur et qui ne veuille pas devenir mon élève. Rien d'insupportable comme un famulus curieux, interrogateur ! Cela ne pense qu'à s'instruire ; cela vous demande, à propos de tout, le pourquoi. Est-ce que je le sais, moi, le pourquoi, tas d'indiscrets ? Puisque, justement, je le cherche ! Et je suis obligé, pour soutenir ma réputation, de leur faire des théories auxquelles je ne crois pas. Tandis qu'avec ce brave Pied, à la bonne heure ! Un parfait imbécile, m'a-t-on promis, ignorant et heureux de son ignorance. Ce sera délicieux. Pourvu qu'on ne m'ait pas trompé ! Mais le voici. Il n'a pas, en effet, l'air bien malin. Sa bêtise paraît profonde et souriante. O joie !

SCÈNE II

FAUST, PIED

PIED

C'est-il vous le docteur Fox ?

FAUST

C'est moi, oui, mon garçon. (A part.) Il ne connaît pas même mon nom ; je suis ravi. (Haut.) Tu viens pour entrer à mon service, n'est-ce pas ?

PIED

Comme qui dirait.

FAUST

Et tu t'appelles bien Pied ?

PIED

Je m'en appelle sans m'en appeler, tout en m'en appelant. On m'a toujours dénommé ainsi, rapport, paraît-il, à ce que je suis bête.

FAUST

Et l'es-tu vraiment ?

PIED

Faut ben croire, puisqu'on le dit.

FAUST

Tu ne sais ni lire ni écrire, hein ?

PIED

Ni lire, ni écrire, sûr, ni compter non plus, ni rin de rin. V'là tout !

FAUST

A merveille !

PIED

C'est mon avis.

FAUST

Pourquoi est-ce ton avis ?

PIED

Si je l' savais, j' saurais donc quéqu' chose ! Et j' vous dis que j' sais rin.

FAUST

En effet. Ma question était stupide.

PIED

Ah ! fichtre, oui, par exemple !

FAUST

Mais peut-être, ne sachant rien, tiens-tu à savoir?

PIED

Quoi, not'maître ?

FAUST

Plus que tu ne sais.

PIED

J'sais tout ce qu'il m'faut.

FAUST

Tu es bien heureux !

PIED

Dame, oui.

FAUST

Tiens, on frappe ! Commence donc ton service, et va voir qui est là. Surtout, ne fais pas entrer les gens sans être venu me dire qui ils sont et ce qu'ils veulent. As-tu compris ?

PIED

Soyez tranquille ! J'men vas vous les dévisager et les questionner à fond. Parce que j'dois vous dire, monsieur Phoque, pour être un bête, j' suis un'bête ; mais pour ce qui est d'avoir bons yeux et bonnes oreilles, et même d'la jugeotte, j'en ai. Et peut-être plus que vous, hi, hi ! hi !

(Il sort en riant.)

SCÈNE III

FAUST, seul.

Quel excellent et suave idiot ! Je crois que je suis bien tombé. Oui, mais attention ! On m'a déjà pris à des frimes de ce genre. Jouer le niais n'est pas très difficile ; surtout avec moi, qui suis si naïf au fond ! Méfions-nous !

SCÈNE IV

PIED, rentrant.

Monsieur, c'est un homme et une femme qui disent comm' ça qu'ils vous apportent le secret de la vie.

FAUST

Ah ! ah ! le secret de la vie ! Oui, je connais cette farce. On me la fait toujours ! Le secret de la vie, quand on ne vient pas me le demander, on prétend me l'apporter. Ce sont des charlatans, ou des fous ; (A part.) comme moi. (Haut.) Et quelle mine ont-ils, cet homme et cette femme ?

PIED

Très bonne mine, monsieur.

FAUST

Peux-tu me faire leur portrait ?

PIED

Long, ou bref ?

FAUST

Bref. En deux mots.

PIED

L'homme ressemble à un soleil couchant et la femme à un soleil levant.

FAUST

Je ne vois pas bien ça.

PIED

C'est peut-être que vous n'avez jamais regardé l'un ni l'autre, au soir ou au matin.

FAUST

Oh ! j'en ai lu tant de descriptions !

PIED

J'ai comme idée, not' maître, que ce qu'on lit et ce qu'on voit, ça fait deux.

FAUST

Epargne-moi tes réflexions, et continue le portrait de ces gens.

PIED

Ils sentent bon tous les deux.

FAUST

Ah ! Et que sentent-ils ?

PIED

L'homme sent le vin, et la femme sent la rose, comme, d'ailleurs, cela doit être, rapport à leurs noms.

FAUST

Quels sont donc leurs noms ?

PIED

Le Vin et La Rose.

FAUST

Comment dis-tu ?

PIED

Je dis : Le Vin et La Rose.

FAUST

Mais tu ne veux pas insinuer, je suppose bien, que cet homme et cette femme sont le Vin et la Rose en personne ?

PIED

Je n'insinue rin, not' maître. Les choses sont les choses, et je vous les dis comme elles sont, ne plus, ne moins. Il y a ben là, tout bonnement, Monsieur Le Vin et Madame La Rose. Cela vous étonne ?

FAUST

Oui, certes.

PIED

Eh ben! Moi pas. Faut-il les faire entrer, pour que vous voyiez si je mens ?

FAUST

Oui, fais-les entrer.

(Sort Pied.)

SCÈNE V

FAUST, seul.

Quelque fantasmagorie de ce vieux Méphistophélès ! C'est diablement usé. Enfin ! Il fait ce qu'il peut, le pauvre !

SCÈNE VI

PIED, annonçant,

La Rose ! Le Vin !

FAUST

Enchanté de vous recevoir, madame et monsieur ! Et tous mes compliments à celui qui vous fait apparaître d'une façon si ingénieuse !

LE VIN

Mais personne ne nous fait apparaître, docteur, personne, en vérité.

LA ROSE

Personne, ô Faust, je te le jure.

FAUST

Quoi ! ce n'est pas Méphistophélès... ?

PIED

Non, puisque c'est moi.

FAUST

Tais-toi, sot.

LE VIN

Cet homme n'est point sot ; car il m'a salué comme un roi.

LA ROSE

Et moi, il m'a trouvée belle.

PIED

Pardine ! C'est tout simple, ça.

FAUST

Que ce bélitre se laisse leurrer à un tour de passe-passe...

LE VIN

Mais il n'y a ici aucun tour !

LA ROSE

Et pas l'ombre de passe-passe !

FAUST

Comment ! Vous n'êtes pas des fantômes, de vaines figures évoquées par... ?

LE VIN

Un fantôme, moi !

LA ROSE

Moi, une vaine figure !

PIED

Oh ! là, là, là, là, si on peut dire !

LE VIN

Mais j'existe.

LA ROSE

Je suis.

FAUST

Allons donc ! A d'autres !

LA ROSE

Tiens, respire, sens moi !

LE VIN

Hume, bois-moi !

PIED

Sentez donc, monsieur, buvez donc !

FAUST

Veux-tu te taire, toi, crétin !

PIED

Mais, monsieur...

FAUST

Assez, assez ! Et au diable tous ! A la porte ! Allez-vous-en, ineptes hallucinations ! Va-t'en, drôle !

(Il les chasse tous trois.)

SCÈNE VII

FAUST, seul.

Ah ! c'est vrai, aussi ! Il m'ennuie, à la fin, ce mauvais plaisant de Méphistophélès, avec ses rabâchages de scènes magiques, ses apparitions d'opéra ! Vieux jeu, mon cher, vieux jeu ! Nous n'en sommes plus là, sapristi ! Soyons sérieux ! Voyons, voyons, que je me remette à l'étude. Un peu de calme, de méditation ! Mes chers livres, mes bien-aimés !

SCÈNE VIII

PIED, rentrant.

Monsieur, je les ai expédiés, ces bonnes gens.

FAUST

Ah ! bien, bien. Ils sont partis ?

PIED

Non, monsieur.

FAUST

Où sont-ils donc ?

PIED

Ici, regardez. Vous ne voyez pas ça, qui est si joli à ma boutonnière ? Eh ben ! c'est la Rose.

FAUST

Que dis-tu ?

PIED

Et là, dans mon estomac, j'ai mis le Vin. Constatez plutôt comme mon nez flambe ! Et fleurez un peu mon haleine, comme elle embaume !

(Il lui souffle au visage.)

FAUST

Pouah ! l'ivrogne !

PIED

Ce n'est pas ce que pense votre conjointe, mame Marguerite.

FAUST

Hein?

PIED

Elle trouve, elle, que la Rose et le Vin et moi, nous sentons bon. Et la preuve, monsieur...

FAUST

La preuve?...

PIED

La preuve, c'est que mame Marguerite et moi, là, dans le couloir, nous venons de...

FAUST

Vous venez de...?

PIED

Oui, monsieur, parfaitement, comme j'ai l'honneur de vous le dire.

FAUST

Et tu oses me l'avouer?

PIED

J'ose même vous avouer que je vais de ce pas recommencer.

FAUST

Recom...

PIED

... mencer, dame, oui, mon bon monsieur Fox, Phoque, Faute, oui, c'est ça, Faute; car vous en avez faute, que dit mame Margot, tandis que moi, j'en ai à revendre, v'là tout. A vot' santé, not' maitre!

(Il se sauve en riant.)

SCÈNE IX

FAUST, seul.

Tout cela, c'est autant de fariboles et d'attrape-nigauds ! Ne nous laissons pas émouvoir ! Au travail ! A l'étude ! Et cherchons le secret de la Vie où il se trouve : dans les livres.

(Il se remet à bouquiner.)

PIED, à la cantonade.

Andouille !

XXV

LES CARTES

SECONDE FAUSTERIE

LES CARTES

PERSONNAGES

FAUST, au tombeau.
MÉPHISTOPHÉLÈS.

MÉPHISTOPHÉLÈS

Ainsi, pauvre docteur, voilà où tu en es arrivé ! A faire stupidement des réussites, comme une vieille fille qui a perdu son dernier chat et qui s'ennuie.

FAUST

J'ai, en effet, cher diable, perdu aussi mon dernier chat, je veux dire ma suprême chimère ; mais je ne m'ennuie pas, crois-le bien, et faire des réussites n'est point une besogne aussi stupide que tu le penses. Les cartes...

MÉPHISTOPHÉLÈS

Les cartes sont excellentes en soi, quand on joue pour gagner de l'argent, et surtout quand on triche pour gagner à coup sûr, tout en risquant de se faire pincer, ce qui procure un petit frisson d'émotion réellement délicieux.

FAUST

Tu seras donc toujours le même, tentateur ? Tu sais pourtant que mon cuir est désormais réfractaire à tous les frissons. Et comment ne vois-tu pas, d'ailleurs, que ce qui me plaît précisément dans les réussites, c'est leur manque absolu d'émotion, fruit de leur parfaite inutilité ?

MÉPHISTOPHÉLÈS

Quoi ! tu ne prends pas même d'intérêt à la marche de ces cartes, que tu manies cependant d'une infatigable main ?

FAUST

Aucun intérêt d'aucune sorte, en vérité.

MÉPHISTOPHÉLÈS

Et cela t'est complètement indifférent, que la réussite réussisse ou ne réussisse pas ?

FAUST

Complètement indifférent, en toute sincérité.

MÉPHISTOPHÉLÈS

Mais alors, à quoi diantre peux-tu bien t'amuser par ce vain tripotage de carton ?

FAUST

Je m'amuse à écouter les réflexions des cartes qui passent.

MÉPHISTOPHÉLÈS

Ces réflexions sont donc extrêmement saugrenues ?

FAUST

Ni plus ni moins que celles des hommes. Tiens ! Juges-en plutôt par toi-même. Prête l'oreille à ce bourdonnement.

CÉSAR

Agir, c'est la mission du roi de carreau que je suis. Que d'autres rêvent ! Moi, j'agis. Vive la force ! Vive la guerre ! Et ranplanplan ! Ne pas croire, cependant, que je sois une brute ! J'ai ma philosophie, tout comme tel ou tel. Ce n'est pas moi qui la formule. Je laisse ce soin aux idéologues. Mais, ce qui vaut mieux, je la mets en pratique. La force prime le droit, voilà mon système. Assez parlé, d'ailleurs ! Je ne suis pas un bavard, moi. Et ranplanplan ! Agissons !

DAVID

Quel idiot, ce brave militaire ! Agir ! Sans doute, il faut agir. Mais le nerf de l'action, qu'est-ce que c'est ? L'argent, je pense. Aussi, moi, le roi de pique, je suis le roi du jour, je suis le banquier, le boursier. Les vraies batailles modernes, c'est à la Bourse qu'elles se livrent. Et qui les gagne ? Moi. La force prime le droit, je le sais parbleu bien. Mais l'adresse prime la force, voilà le fin du fin.

UN DEUX

Je suis un pauvre *deux*, tellement pauvre que je ne sais plus même si je suis un *deux* de trèfle ou un *deux* de pique. Ayez pitié de moi, vous autres qui m'écrasez ! Ayez pitié d'un infortuné *deux* qui crève de misère !

UN TROIS

Tais-toi, tu n'es qu'un sale *deux !*

UN AUTRE DEUX

Va donc, eh ! *trois !* J't'en foutrai, moi, des sales *deux !* Aux armes, les *deux !* Faut qu'il n'y ait plus que des *deux !*

L'AS DE CŒUR

Eh ben ! Et les *as*, alors, qu'est-ce que tu en feras ?

LAHIRE

Cette canaille est extraordinaire, ma parole ! Moi, fils de famille, valet de cœur, héritier du roi Charles, quand je serai en possession de mon héritage, je ferai rentrer tous ces va-nu-pieds dans l'ordre.

L'AS DE TRÈFLE

Oh ! là, là, ferme ton bec, fils à papa !

LE SEPT DE CARREAU

Voyons, mon cher *huit* de carreau, ne sommes-nous pas heureux, nous, les bourgeois, et pourquoi hochez-vous ainsi la tête d'un air mécontent ?

LE HUIT

Je trouve singulier que vous m'appeliez votre cher ! Est-ce que nous avons gardé les *as* ensemble ?

JUDITH

Montez donc chez moi, joli brun, beau *dix* de pique. Viens, mon gros, je serai bien gentille.

RACHEL

Cette dame de cœur est d'une immoralité !

JUDITH

Et toi, donc, trumeau ! Non, mais regardez-moi cette pisse-froid ! Avec son Lancelot toujours au derrière !

RACHEL

Lancelot est un honnête jeune homme, valet de trèfle et excellent psychologue, qui ne s'occupe que de mes états d'âme.

LANCELOT

Parfaitement. Je prépare même un traité...

HECTOR

C'est toi, le traité, et le mal traité ; car on ne te guérira jamais de ton impuissance. Tandis que moi, le beau valet de carreau, je sais où ça les chatouille, les femmes. Allons, Judith, ouste ! Au turbin ! Et plus vite que ça, hein ! Et vous, madame Rachel, acceptez mon bras, que je vous reconduise ! Je suis psychologue aussi, à ma façon, vous verrez !

ALEXANDRE

Ce polisson-là, il n'y en a que pour lui ! C'est moi qui casque, et c'est lui qui lève toute les femmes.

PALLAS

Oh ! pas moi, par exemple. Jamais de la vie ! Pas moi !

ARGINE

Ni moi non plus. Hein ! ma pâle et ardente Pallas !

L'AS DE PIQUE

Qui qui veut d'l'ail, du bon ail ? A mes belles gousses !

UN DEUX

D'entendre gueuler les autres, moi, ça me donne soif. Viens-tu chez le bistro, mon vieux Nénest, boire un litre ?

PLUSIEURS DEUX

J'te crois. Un litre, et même un second, pour pousser le troisième.

LE DIX DE TRÈFLE

Et ces gens-là se plaignent de ne pas trouver d'ouvrage ! Et si je discute leurs prix, ils se syndiquent et se mettent en grève ! Où allons-nous, mon Dieu, où allons-nous ?

TOUTES LES BASSES CARTES

A l'égalité, au paradis sur terre, puisqu'il est définitivement prouvé qu'il n'y en a plus nulle part ailleurs.

HOGIER

Et qui vous a donc prouvé cela, mes chers frères ? Ah ! qui que ce soit, croyez-moi, mes amis, c'était un méchant, un imposteur, un monstre qui vous a privés de ce saint viatique...

LES BASSES CARTES

Enlevez le valet de pique, l'homme noir, le ratichon !

UN NEUF

Il est certain que ces jésuites trouveront encore moyen...

UN AUTRE

Dame ! Ils se fourrent partout. Ah ! ils sont vraiment forts !

LES BASSES CARTES

A manger ! A manger ! A boire ! A boire ! Vive la Révolution !

CHARLES

Mes enfants, je suis avec vous, moi, le bon roi de cœur, le sage, le philosophe; l'humanitaire. Vous avez raison de vouloir être émancipés enfin tout à fait. Oui, je crie aussi : « Vive la *Révolution !* » Raisonnons un peu, cependant. De quelle révolution parlez-vous et comment l'entendez-vous ?

LES BASSES CARTES

Enlevez le raseur ! Enlevez la vieille barbe ! A l'eau ! A l'eau !

CÉSAR

Qu'on me donne seulement une bonne division d'infanterie, avec quelques escadrons de cuirassiers et de l'artillerie en nombre suffisant, et je les ferai taire, moi, ces braillards.

UN NEUF

Voilà parler ! Ces militaires ont du bon, vraiment.

UN AUTRE

Dame ! C'est une de nos gloires, et la France...

LANCELOT

La France a besoin, monsieur, non pas de généraux, mais de psychologues, et aussi d'une rénovation mystique.

LE PAUVRE DEUX

Moi, je n'ai besoin que de pain. Je meurs de faim.

PALLAS ET ARGINE

Nous, c'est d'amour que nous mourons, l'une pour l'autre, que nous mourons voluptueusement, que délicieusement nous mourons.

LE TROIS DE CARREAU

Mouron, mouron, pour les p'tits oiseaux !

LES BASSES CARTES

N'y a plus de p'tits oiseaux ! Tous sont crevés. Faut en inventer d'autres. Aux armes ! Vive la Révolution !

DAVID

Dire que tout ce monde-là, sans s'en douter, travaille pour moi. La Bourse monte. La Bours baisse. Moi, je ramasse.

MÉPHISTOPHÉLÈS

Ah ! ça, mon cher docteur Faust, tu te moques de moi, je pense. Comment ! Tu fais ta distraction d'écouter toutes ces balivernes. Mais c'est d'une niaiserie insupportable, tellement ça ressemble à la vie elle-même. Ces cartes ne méritent pas d'être des cartes, et elles sont dignes d'être des hommes.

FAUST

Mais, pauvre aveugle, c'est justement ce qu'elles sont, et voilà bien pourquoi je m'y amuse.

MÉPHISTOPHÉLÈS

J'ai comme idée que, dans le tombeau, tu es devenu fou.

FAUST

Moi, au contraire, j'ai comme idée qu'enfin j'y suis devenu sage et qu'en mourant seulement j'ai appris le secret de la vie.

MÉPHISTOPHÉLÈS

Et quel est-il donc, je te prie, ô subtil et incomparable docteur ?

FAUST

Il est qu'il n'est pas, ô pauvre ignorant diable. Le train du monde est exactement celui de ces cartes, sans cesse brouillées et débrouillées en des réussites qui, d'ailleurs, n'aboutissent jamais. Car il y a une chose que j'ai oublié de te dire : c'est qu'à ce jeu, dont je me sers, il manque une carte. Je l'ai retirée exprès, afin que l'achèvement me fût impossible. Et ainsi...

MÉPHISTOPHÉLÈS

Docteur, tu retombes dans ton péché d'habitude, qui est la métaphysique. On en peut faire à propos de tout, même à propos de cartes. Mais pour moi, qui suis un esprit terre-à-terre, les cartes sont ce qu'elles sont, et rien de plus, c'est-à-dire de vaines images, qui furent inventées par le maître imagier Jacquemin Gringonneur, à seule fin de distraire un roi frappé de démence.

FAUST

Telles les vaines humanités s'agitent pour distraire aussi le roi de là-haut, irrémédiablement voué à l'éternelle inconscience.

MÉPHISTOPHÉLÈS

Tous mes compliments, mon cher ! Tu es plus athée que moi-même.

FAUST

Eh ! mon Dieu, oui !

XXVI

LE MYSTÈRE D'ISIS

FARCE ETERNELLE

LE MYSTÈRE D'ISIS

PERSONNAGES

ISIS, statue voilée, à transformations.
VIDI, vieux sage.
LE PRINCE AZUR, jeune fou.

N'importe où, dans tous les temps.

VIDI

Encore une fois, seigneur, laissez-moi vous répéter ce que les conseils de ma vieille expérience...

AZUR

Encore un coup, maître raisonneur, garde pour toi ta vieille expérience et souffre que la mienne, qui est jeune...

VIDI

Hélas ! oui, combien jeune !

AZUR

Ne dit-on pas : Si jeunesse savait !

VIDI

Précisément, et vous ne savez pas.

AZUR

C'est bien pourquoi je veux savoir.

VIDI

Mais puisque je suis là pour vous apprendre...

AZUR

Et comment as-tu appris, toi ? En voyant, je suppose.

VIDI

Sans doute.

AZUR

Permets-moi donc de voir, à mon tour.

VIDI

Au moins, seigneur, mettez sur votre nez mes lunettes, qui sont excellentes.

AZUR

Grand merci ! Je ne pense pas que mes yeux soient mauvais non plus.

VIDI

Mais si ! Tout vous semble couleur de rêve.

AZUR

Dame ! Et à travers les bésicles, de quelle couleur sont donc les choses ?

VIDI

De leur vraie couleur ; j'entends celle de la réalité.

AZUR

Est-ce une couleur, agréable ?

VIDI

Hélas ! non.

AZUR

Alors, je préfère regarder avec mes yeux.

VIDI

Mais la vérité, seigneur, qu'en faites-vous ? La vérité, que vous tenez tant à connaître, et pour l'amour de laquelle vous avez entrepris cet aventureux voyage au caveau le plus souterrain, le plus terrible, le plus hideux, du temple d'Isis !

AZUR

Du diable si je comprends pourquoi tu maltraites de la sorte le délicieux retrait où nous sommes ! Un souterrain, dis-tu, un caveau, cette chapelle mystique doucement éclairée par un demi-jour si tendre ! Et qu'y a-t-il de terrible et de hideux, je te prie, dans ces fleurs multicolores qui tapissent les murailles, qui sont diamantées de rosée suave, et qui chantent une symphonie de parfums où se fondent toutes les haleines du printemps ?

VIDI

Est-il possible d'avoir les sens troublés à ce point !

AZUR

Que veux-tu dire ? J'ai les sens troublés, moi ! Par exemple ! Tiens, veux-tu que je te nomme ces fleurs par leurs noms, et que je t'analyse les nuances de leurs parfums ? Voici des violettes, des lilas, des scabieuses. Celles-là sentent une fine odeur de...

VIDI

Ah ! malheureux, malheureux prince !

AZUR

Parbleu ! tu perds la tête, je crois.

VIDI

Mettez mes lunettes, seigneur, je vous en conjure. Par grâce, mettez mes lunettes, ne fût-ce qu'un instant.

AZUR

Et que verrai-je donc, avec tes lunettes ?

VIDI

Vous verrez que ces fleurs ne sont pas des fleurs, mais de pauvres yeux de morts, les yeux de tous les infortunés qui sont morts pour avoir voulu regarder Isis sans voiles. Et ce n'est pas de la rosée qui les diamante. Ce sont leurs larmes qui coulent. Et de tout ce charnier, il ne s'exhale aucune haleine printanière, mais bien une épouvantable puanteur de corruption.

AZUR

Tu n'as pas l'ivresse folâtre, mon vieux.

VIDI

Comment, seigneur, vous croyez...?

AZUR

Allons, tais-toi ! Tu es soûl. Pouah ! Tu sens le vin. N'as-tu pas honte ! Te présenter dans cet état devant la statue de la déesse, devant ma bien-aimée ! Car la voici, regarde. Elle vient de m'apparaître dans l'ombre devenue plus claire. Vois, vois, comme la lumière augmente, comme le sanctuaire resplendit ! Isis, chère Isis, que tu es belle, sous ce voile noir tout semé d'étoiles, pareil à une nuit d'été ! Quels voluptueux contours on devine parmi les brumes de ces plis flottants ! Ta chair irradie au travers. Les pointes de tes seins y semblent deux roses naissantes d'aurores jumelles. Ton ventre lascif s'y enfle ainsi qu'un nuage dont le bas est doré par la rousse toison du soleil couchant. Isis, belle Isis, je t'adore.

VIDI

Seigneur, mon doux seigneur, mon cher enfant, prenez garde !

AZUR

A quoi ?

VIDI

A l'étrange folie, étrange et si banale, hélas ! qui vous monte au cerveau.

AZUR

Qu'appelles-tu folie ? N'est-ce pas la divine Isis qui

est ici, devant moi, qui palpite sous son voile, en entendant mes paroles caressantes ? N'as-tu pas remarqué comme elle a frémi ? Me suis-je donc trompé, quand il m'a semblé qu'elle inclinait imperceptiblement la tête en signe d'accordaille à mon amour ? Regarde, regarde toi-même. De nouveau elle acquiesce. N'est-ce pas, bien-aimée, n'est-ce pas que tu consens à te montrer, à te donner, toute, toute, et nue, radieusement et voluptueusement nue ?

ISIS

(Elle ouvre ses bras d'un geste qui étend son voile comme une paire d'ailes.)

VIDI

Oh ! l'abominable chauve-souris ! Le monstrueux vampire !

AZUR

Ne blasphème pas ma maîtresse, vieux drôle, ou je te tue.

VIDI

Ça, votre maîtresse, ça ?

AZUR

Oui, cette splendeur !

VIDI

Cette horreur !

AZUR

Misérable ! (Il tire son épée et l'en menace.)

VIDI

Voyez plutôt.

(Il court vers Isis, fourre sa main sous le voile, et en retire une perruque

AZUR

Qu'est-ce que cela?

VIDI

Ses faux cheveux.

AZUR

Où as-tu volé cette poignée de rayons ?

VIDI

(Même jeu que tout à l'heure et rapportant deux yeux de verre.)

Tenez, voici ce qu'elle a dans les deux trous de son crâne.

AZUR

Oh ! les incomparables saphirs !

VIDI

(Même jeu que tout à l'heure, et rapportant un râtelier.)

Cela, le reconnaissez-vous ?

AZUR

Quelles merveilleuses perles !

VIDI

Aveugle, aveugle ! Pire qu'aveugle ! Malade, pauvre malade ! Ah ! mon cher seigneur, mon exquis prince Azur, mon enfant, mon maître, je vous en prie à genoux, revenez à la raison ! Par pitié pour vous, par bonté pour moi, daignez m'entendre. Un instant, rien qu'un instant, fût-ce le temps furtif d'un éclair, faites-moi la grâce de mettre mes lunettes. Par le souvenir de votre père qui vous a confié à mes soins, par le nom de votre sainte mère à qui j'ai juré de veiller sur vous, par tout ce que vous avez de plus sacré au monde, je vous en supplie, écoutez-moi, obéissez-moi, une minute, une seconde.

(Il lui met, moitié de gré, moitié de force, les lunettes sur le nez.)

AZUR

Que fais-tu ? Pourquoi suis-je dans ces ténèbres puantes ? Quels sont tous ces yeux qui les illuminent et me poignardent de leurs regards ? Et sous le voile d'Isis, quelles formes hideuses j'aperçois ! Ces blancheurs, ces angles ! On dirait des ossements !

VIDI

Contemplez-la, seigneur, la goule que vous aimiez.

(Il arrache le voile d'Isis qui apparait en squelette.)

AZUR

Horreur ! Non, non, arrière !

(Il tombe évanoui. Les lunettes se cassent.)

VIDI

Eh bien ! l'avez-vous vue enfin, telle qu'elle est, la hideuse déesse, la monstrueuse bête qui.....

AZUR, se réveillant.

Que dis-tu ? Quel rêve ai-je fait ?

VIDI

Vous n'avez point rêvé, seigneur. Je dis que cette putain....

AZUR

Infâme ! Tu oses encore blasphémer. Tiens, voilà ce que je t'avais promis.

(Il le tue.)

ISIS

Viens, mon adoré.

AZUR, la possédant.

O délices ! ô paradis ! Elle m'aime et elle est vierge.

XXVII

LA GLOIRE DU GESTE

CONFÉRENCEMIME EN MANIÈRE D'ÉPILOGUE

LA GLOIRE DU GESTE

Devant une table où le traditionnel verre d'eau sucrée est remplacé par un paquet de tabac et un cahier de papier à cigarettes, Pierrot est assis, en train de souffler des ronds de fumée, qu'il essaie de se passer aux doigts pour qu'ils y deviennent des bagues. Après avoir ainsi symbolisé par avance la chimérique inutilité de tout effort humain, il se résigne à commencer sa conférencemime, jette sa cigarette, et fait la bouche en cul de poule, puis en accent circonflexe, ce qui signifie clairement :

Mesdames, messieurs !

Ensuite il cligne successivement de l'œil droit et de l'œil gauche, les ouvre tous deux ensemble écarquillés, les referme avec l'accablement du sommeil qui vient, bâille, s'étire, se passe le dos de la main de bas en haut sous le menton, rebâille, referme les yeux, les rouvre l'un après l'autre, cligne de l'œil gauche, de l'œil droit, éternue sans bruit, se mouche à la muette, crache en sourdine dans ses paumes, les frotte, retrousse ses manches, lève les bras au ciel, pique son index vers l'auditoire d'un air professoral et menaçant, se fourre ce même index dans le nez, fourrage de son petit doigt dans son oreille, se tire les sourcils comme s'il voulait les épiler, agite ses joues d'un tic convulsif qui les rend tremblotantes, donne au tour de ses lèvres la forme d'un arc tendu, puis d'un goulot de bouteille, puis d'une coupure en croissant, puis d'un...

Mais à quoi bon tenter la notation minutieuse et précise de toutes les vocalises mimiques dont il égrène la mélodie, tandis que ses gestes en déroulent la basse continue aux harmonies compliquées, contre-point et fugue de silencieuses et mouvantes et éloquentes arabesques?

Une pantomime peut-elle et doit-elle s'écrire? Tous les reflets dansants qui passent sur ces flots rapides que sont les yeux et la physionomie, quelle plaque figeante de mots est donc capable de les fixer? Tous les papillons de sentiments et d'idées qui se posent au bout des doigts gesticulants et qui s'en envolent par tourbillons fous, n'est-ce pas les tuer, que de les piquer de l'épingle aux bouchons des vocables? Toutes ces fleurs vaporeuses, pareilles à celles qui s'épanouissent dans la prairie multicolore des nuages à l'aube et au couchant, ne vont-elles pas se faner et s'éteindre misérablement en l'herbier des phrases?

Hélas! l'incontestable et triomphante supériorité de la pantomime sur l'écriture, elle se manifeste en ceci tout d'abord, que la plus simple des pantomimes est trahie par le plus opulent des styles.

Confesse donc d'avance que tu es vaincu, pauvre enfileur de substantifs, fussent-ils rares, triste enlumineur d'épithètes, fussent-elles neuves (et il n'y en a plus de telles); avoue que tu ferais mieux de te taire, et tais-toi !

Comme cependant, tandis que je constate mon impuissance à le traduire, Pierrot continue à mimer sa conférence, force m'est bien de résumer par à peu près ce qu'il exprime. Allons-y donc, mais humblement et marmiteusement, avec la conscience et la honte de ne savoir donner que le grossier canevas sur lequel il brode la vie elle-même.

Voici, tant bien que mal, ce que dit Pierrot :

Mesdames, messieurs,

J'ai la prétention de vous prouver ici, très brièvement d'ailleurs, que le geste est tout ; et par là j'entends bien dire qu'il est tout absolument, et que le reste est négligeable, flatueux et superfétatoire.

Je pourrais vous en faire convenir tout de suite en commençant ma conférence par la fin. Mais alors, pourquoi serais-je en cette enceinte ? Or, j'y suis pour vous charmer pendant au moins une heure. Commençons donc par le commencement.

Quelle est la chose, je vous prie, à laquelle, tous tant que vous êtes, vous pensez le plus ? Avouez que c'est l'amour.

Eh bien ! mesdames et messieurs, l'amour n'est qu'un geste.

Prenons le baiser. Peut-on, avec des mots, définir le baiser ? Je ne le crois pas. La définition la plus scientifique en a été donnée par un éminent physiologiste, pour qui le baiser est la contraction orbiculaire des muscles composant le sphincter buccal.

(Ici je ne saurais m'empêcher de signaler le geste très particulier de Pierrot. Il mit son index droit dans sa bouche froncée, puis se leva, tourna le dos au public, et fit semblant de vouloir, avec cet index, s'empaler. Puis il reprit :)

Cette définition, mesdames et messieurs, ne me satisfait pas. Pour moi, le baiser est ceci.

(Pierrot, à ce moment, descend de l'estrade, s'avance vers une très jolie femme, lui empoigne la tête à deux mains, et lui applique longuement, et à la pigeonne, ce que les Marseillais nomment *oun pouloun*. Puis il remonte sur l'estrade et continue.)

Notez, mesdames et messieurs, que je n'ai point fait claquer mes lèvres. Car le baiser avec fracas, c'est déjà du parlé, du style. Mais le vrai baiser, celui où l'on fond tout son être dans un autre être, celui qui précède et accompagne l'acte que vous savez, celui-là est profond et muet. De la pure pantomime, de l'essence de pantomime !

Quant à l'acte lui-même, je n'insisterai pas, par pudeur pour les dames ; personne, j'en suis sûr, ne me contredira, si j'affirme que, comme mutisme, et surtout comme profondeur... J'ai dit que je n'insisterais pas. Je n'ai qu'une parole ; passons !

Or, par où entre-t-on dans la vie, s'il vous plaît, sinon par là ? Donc, l'origine de la vie, c'est bien le geste. C. Q. F. D.

Mais, de cette vie, comment sort-on ? En faisant des mots, peut-être ? Oui, au dire des historiens blagueurs, fabricants de *dernières paroles*. Non, en réalité. Une crispation des lèvres, les narines qui se pincent, l'œil qui tourne et montre le blanc, puis la bouche qui se détend et s'ouvre toute grande, tandis qu'on fait un ft où s'exhale enfin le hideux parlé ! Et voilà la mort, semblable au spasme d'où l'on naquit. Encore, toujours, de la pantomime ! Tenez ! Ft ! Ça y est.

(Une épouvante passe dans la salle, tellement Pierrot a exprimé avec exactitude les affres ultimes de l'agonie, le regard qui s'éteint comme soufflé, la chair désâmée brusquement, le dernier soupir rendu en un imperceptible murmure, et l'anéantissement final. Après quoi, il revient à lui, souriant, pour ajouter :)

Rassurez-vous, mesdames et messieurs, petit bonhomme vit encore ! Et remarquez bien que vous eussiez été beaucoup moins pris de terreur si, au lieu de mimer le trépas, pour vous traduire l'idée que je mourais, je vous avais dit la chose en vers, ou sur un air d'opéra, ou même en prose très hachée de râles.

Pourtant, m'objecterez-vous peut-être, la prose, la musique, le vers, ont aussi du bon ; et, par exemple, pour figurer l'enthousiasme qui s'exalte et crie, on est bien obligé..... Allons donc ! L'enthousiasme, mesdames et messieurs, ce n'est pas autre chose que l'élan de tout l'être, et cela se figure surtout par une attitude.

(Quelqu'un ayant protesté par un « oh ! », Pierrot se dresse et prend la pose de la *Marseillaise* de Rude. Toute la salle, emballée, reconnaît l'admirable et divine énergumène qu'il évoque, et l'on applaudit frénétiquement. Même, le monsieur qui avait protesté tout à l'heure, maintenant plus convaincu que les autres, ne peut se retenir de pousser un : « Ah ! que c'est beau ! M.... alors ! » A quoi Pierrot, sans être interloqué, et paraissant plutôt ravi d'une si franche approbation, répond adroitement, pour sauver du ridicule ce brave et chaud admirateur :)

Je vous entends, monsieur ; vous voulez sans doute faire allusion au mot le plus beau de nos glorieuses annales ; vous voulez insinuer qu'un mot pareil est supérieur à tous les gestes du monde ; et vous pensez ainsi me réduire à quia.

Ah ! mesdames et messieurs, je me reconnaitrais vaincu en effet, et j'avouerais l'infériorité de la pantomime comparée au verbe, s'il m'était prouvé péremptoirement que notre immortel Cambronne l'a prononcé, ce mot, s'est contenté de le prononcer.

Mais non, mesdames et messieurs, ce mot, il ne l'a pas dit. Il l'a pensé seulement. Et il a traduit sa pensée par quoi ? Je vous le montrerai tout à l'heure. Avant tout, laissez-moi vous démontrer que le mot n'a pas été dit.

Et d'abord, voyez l'incertitude qui règne touchant le texte. On l'a nié, discuté. On a substitué au vocable en litige toute une phrase lapidaire. On n'a trouvé aucun témoin pour affirmer, pour authentiquer la fulgurante interjection. Personne, pas même Cambronne, n'a entendu le mot.

Et comment, en effet, eût-on pu l'entendre, au milieu des tonnerres de la bataille ?

Or, voulant précisément le faire comprendre, et sachant fort bien qu'on ne pourrait pas l'ouïr, il est de toute évidence que l'intelligent Cambronne ne l'a point dit.

Même doué d'une voix d'Archange trompettant le Jugement dernier, même sûr de dominer le vacarme, l'eût-il crié, d'ailleurs, en français, puisqu'il s'agissait de répondre à des étrangers ne parlant pas notre belle langue ? Poser la question, c'est la résoudre. Non, encore une fois, Cambronne ne l'a point dit.

Qu'a-t-il donc fait ?

Un geste, mesdames et messieurs, il a fait un geste, il n'a fait qu'un geste. La tête haute et méprisante, le bras droit envolé comme dans un coup d'aile lyrique, les sourcils en baïonnettes croisées, le regard lançant des salves d'héroïque mousqueterie, la gueule grande ouverte et pareille au pavillon de l'énorme trompette où soufflera le susdit Archange du Jugement dernier, tel s'est manifesté Cambronne jouant la plus sublime scène de pantomime. Tenez, ainsi !

(Et Pierrot, campé dans la posture qu'il venait de décrire, poussa silencieusement le génial gros mot, sans le prononcer, mais avec une intensité capable de le faire comprendre sur le champ de bataille le plus hourvarique et le plus grouillant des peuples les plus divers. Vraiment, si j'ose m'exprimer de la sorte, il en avait plein la bouche. Toute la salle, debout, faisait chorus. Nous étions vengés des Anglais et de l'Europe. Mais Pierrot se rassit, apaisa la foule, et, prenant un air grave, conclut :)

Mesdames et messieurs, j'aurais honte à terminer sur un succès de ce genre, trop facilement arraché à votre patriotisme. Nous sommes ici pour philosopher. Finissons par de sérieuses considérations philosophiques. Je vous ai dit, en commençant, que je me faisais fort de vous prouver ceci : le geste est absolument tout. Un autre se contenterait des arguments fournis jusqu'à présent. Je veux vous en donner de plus hauts, qui nous ramènent dans les régions sereines de la cosmogonie et de la métaphysique.

Mesdames et messieurs, l'origine et la fin des choses sont dans le geste, par le geste, ou plutôt sont le geste.

In principio erat verbum, dit saint Jean. Avec votre permission, saint Jean se trompe.

In principio était le Rien.

Mais dans ce Rien était Tout.

Car Rien désirait devenir Tout.

Or le désir se manifestant par un geste, Rien fit ce geste.

Tout était né.

A la fin des fins, Tout s'embêtera d'être devenu Tout, et désirera redevenir Rien.

Alors Tout fera un geste.

Et Tout sera Rien.

(Ici Pierrot ralluma une cigarette, souffla un nombre infini de ronds de fumée, et s'en alla en jonglant avec.)

TABLE DES MATIÈRES

TABLE DES MATIÈRES

I.	*L'arbre de Noël.* Pantomime sans gestes, en manière de prologue.............	7
II.	*Le Bousier.* A-propos pour amadouer la critique.	19
III.	*L'honnête gendarme.* Sotie en vers........	31
IV.	*Faire sans dire.* Proverbe-pastorale........	47
V.	*Le secret de Polichinelle.* Comédie sociale.....	63
VI.	*Propriété littéraire.* Premier intermède philosophique................	77
VII.	*Les Portraits.* Comédie de caractère.......	85
VIII.	*Les deux chats.* Dialogue cérébral.........	99
IX.	*Callipédie.* Séance académique perpétuelle....	109
X.	*Le Monstre.* Séance académique pour le siècle trente et quelquième............	123
XI.	*Le jour des morts.* Second intermède philosophique.	137
XII.	*Le Remède.* Saynète romantique..........	149
XIII.	*Le bon fou.* Drame romantique..........	161
XIV.	*Interviews.* Parade moderne...........	177
XV.	*L'horreur du banal.* Ballet de paravent......	191
XVI.	*Chiennerie.* Mimodrame..............	205
XVII.	*Liberté-Libertas.* Troisième intermède philosophique.	219
XVIII.	*Le fainéant.* Moralité en prose et en vers....	231
XIX.	*Les Noces de Pierrot.* Féerie...........	249
XX.	*L'Inutile.* Mystère................	267

XXI.	*Mille et quatre.* Première don-Juanerie.	281
XXII.	*L'Inconnue.* Seconde don-Juanerie.	295
XXIII.	*Fibo.* Quatrième intermède philosophique	309
XXIV.	*Le secret de la vie.* Première Fausterie.	319
XXV.	*Les Cartes.* Seconde Fausterie.	335
XXVI.	*Le Mystère d'Isis.* Farce éternelle.	347
XXVII.	*La Gloire du Geste.* Conférencemime en manière d'épilogue.	359

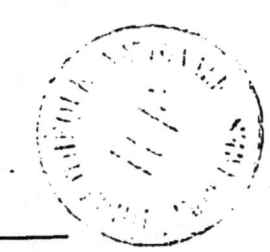

ÉVREUX, IMPRIMERIE DE CHARLES HÉRISSEY

www.ingramcontent.com/pod-product-compliance
Lightning Source LLC
Chambersburg PA
CBHW050550170426
43201CB00011B/1633